Sammlung Luchterhand 1020

*Über dieses Buch:* Die (Ost-)Berliner Schriftstellerin Helga Königsdorf hat die Phasen und Stationen der deutsch-deutschen Entwicklung seit der »Wende« und der Vereinigung mit kritischen Analysen und Kommentaren begleitet. Die wichtigsten dieser Aufsätze und Reden werden hier gesammelt vorgelegt. Sie zeichnen sich durch ihre bestechende Klarheit und durch ihre ungewöhnliche Aufrichtigkeit aus. Helga Königsdorf, von Haus aus Mathematikerin, ehe sie durch ihre Erzählungen bekannt und berühmt wurde, ist es gewohnt, genau hinzusehen und Zusammenhänge, auch ökonomische, zu erkennen. Larmoyanz ist ihr, die sich stets offen zu ihrem politischen Engagement und zu ihren Irrtümern bekannt hat, fremd. Ihre Aufsätze helfen, das, was so schnell Geschichte wurde, und seine gegenwärtigen Folgen zu durchschauen, zu verstehen. Ein wichtiger Beitrag zur Zeitgeschichte, der zum Nachdenken über die Zukunft anregt.

*Über die Autorin:* Helga Königsdorf, 1936 in Gera geboren, Mathematikerin, bis Ende der siebziger Jahre an der Akademie der Wissenschaften in Ost-Berlin tätig, veröffentlichte nach international anerkannten wissenschaftlichen Büchern 1978 ihre ersten Erzählungen: *Meine ungehörigen Träume*. Zuletzt erschienen von ihr die Erzählung *Ungelegener Befund* (SL 965) sowie die Aufsatzsammlungen *1989 oder Ein Moment der Schönheit* und *Adieu DDR*. Helga Königsdorf lebt in Berlin.

Helga Königsdorf
Aus dem Dilemma
eine Chance machen
*Aufsätze und Reden*

Luchterhand
Literaturverlag

Originalausgabe
Sammlung Luchterhand, Dezember 1990
Luchterhand Literaturverlag GmbH, Hamburg · Zürich. Copyright ©
1991 by Luchterhand Literaturverlag GmbH, Hamburg · Zürich. Alle
Rechte vorbehalten. Umschlagentwurf: Max Bartholl. Umschlagfoto:
Brigitte Friedrich. Satz: Uhl + Massopust, Aalen. Druck: Wagner
GmbH, Nördlingen. Printed in Germany.
ISBN 3-630-71020-4

1 2 3 4 5 6   96 95 94 93 92 91

# Inhalt

Das Spektakel ist zu Ende 7
Was nun? 12
Ein Glück für uns alle? 19
Die Phasen der Revolution 26
Was bleibt von der DDR-Literatur? 31
Thüringen, du mein lieb Heimatland 35
»Einig Europa« oder die Idee von der
    »deutschen Tüchtigkeit« 44
Deutschland, wo der Pfeffer wächst 49
Es lebe der Kapitalismus! 53
So etwas war noch nie unter einem Hut 56
Dem Alten keine Chance geben 60
Die Linken verschlafen den Weltuntergang 64
Über die allergene Wirkung der Utopien 69
Ohne Lotsen zwischen Scylla und Charybdis 73
Ein Pferd ohne Beine 80
Das Recht auf Identität und die Lust zur Intoleranz 83
Identität auf der Waage 89
Countdown für Hase und Igel 100
Die Wahrheit über Troja 107

Quellenvermerk 109

# Das Spektakel ist zu Ende

Das Spektakel ist zu Ende. Der Held liegt im Sterben. Am Himmel kreisen die schwarzen Vögel.

Sie fallen ein in »unser Land«, mit teilnehmender Miene und Fotoapparaten, unsere letzten Zuckungen unter die Leute zu bringen. Oder sie bleiben bequem im Medienkanapee und haben eh schon alles gewußt.

Um gerecht zu sein: Es ist einfach ihr Job, das Letzte unter die Leute zu bringen. Daran müssen wir uns gewöhnen. Und manche meinen es auch wirklich gut. Aber sagen wir lieber gleich selbst unser Nachtgebet. Ein jeder natürlich für sich. Denn von den Intellektuellen, von den Andersdenkern also, denkt per Definition ein jeder anders als der andere. Wenn ich also von uns spreche, so meine ich durchweg mich.

Der Sozialismus ist tot. Selbst wenn wir uns jetzt die schönsten Varianten ausdenken, da wir nicht mehr akkumulieren können, führt kein Weg dahin. Wenigstens nicht aus eigener Kraft. Und wer wird uns schon einen demokratischen Sozialismus finanzieren, der zwar menschenfreundlich vorstellbar ist, aber viel weniger effektiv als das andere System. Die, deren Vorgänger das Land an den Abgrund geführt haben, kommen jetzt mit den schönsten Konzepten, denen durch die Politik in der Vergangenheit der Boden längst entzogen ist. Und sie sind wirklich die Sympathischsten. Ich mag sie, diese Nibelungen, die jetzt so bescheiden großartig sind. Warum waren sie es bloß nicht vorher!

Wir haben unseren Mäzen entmachtet und sollten nun nicht klagen, daß es rauh wird. Die Staatspartei war, wie sich jetzt herausstellt, nicht der schlechteste Mäzen. Sie hat sich mit uns geschmückt. Und ein bißchen mochten wir es ja auch. (Ich erinnere, »wir« meint nur »ich«.) Und sie fürchtete uns Schriftsteller, denn wir waren die einzigen, die etwas von den Bedrückungen des Volkes artikulieren konnten. Und ein bißchen mochten wir auch das. Und das Volk liebte uns, denn wir waren seine Sprecher. Jeder Satz von uns bekam Bedeutungen, die wir manchmal selbst nicht hineingedacht hatten.

Es gibt zwei Gruppen. Diejenigen, die entweder von Anfang an durch ihre Erfahrung nicht an eine Reformierbarkeit von innen her glaubten. Und diejenigen, die ihre ganze Hoffnung auf Reformen setzten. Über diejenigen, die alles gut finden wollten, spreche ich hier nicht. Manchmal ist es auch nützlich zu irren. Ich gehörte zur zweiten Gruppe, und die Erfahrungen, die ich dadurch gemacht habe, möchte ich nicht missen. An eine wirkliche Revolution glaubte niemand. Jedenfalls bin ich niemandem begegnet, der sich diese ohne Blutvergießen und internationale Verwicklungen vorstellen konnte. Deshalb zog man es wohl auch kaum ernsthaft ins Kalkül. Die einen gingen, die anderen versuchten wider den Stachel zu löcken. Größeres wäre uns auf Grund der Weltlage unverantwortlich erschienen.

Es entstand auf diese Weise eine Selbstbeschränkung, die ich für wesentlicher halte als die dumme Offizialzensur. Wir bewegten uns auf einem schmalen Grat zwischen Weiterarbeiten-Können und Ausloten des kritischen Spielraums. Immer lebten wir in der Furcht, diesen Grat zu verfehlen, und zwar nach beiden Richtungen, denn es gab eine große Erwartungshaltung, der wir uns stellen wollten. Natürlich lag darin auch eine Verführung, unsere Rolle zu überschätzen. Wir glaubten wirklich, zur Ver-

Veränderung beitragen zu können. Natürlich zogen wir auch den Mißbrauch an. Natürlich versuchte man uns zu inszenieren. Man mußte ständig auf der Hut sein. Aber wir gehörten zum ganz normalen Leben unseres Landes. Unsere Bücher waren ein Teil des Lebens. Des Alltagslebens. Was könnte man sich Besseres wünschen.

Nun gibt es kein Kunstwerk, kein Werk der Literatur, das nicht vom Wirklichen übertroffen würde, wie man auch den Maßstab wählt. Nichts ist so ungehörig wie die Wirklichkeit. Deswegen ist es immer riskant, die Wirklichkeit zu seinem Kunstwerk machen zu wollen. Aber, verführt vom schönen Anfang unserer Revolution, verführt vom Glauben an die Möglichkeit großer Inszenierungen, wollten wir endlich selbst Regisseure sein, nachdem wir überall die Spuren der Demütigung gefunden hatten, der Erniedrigung, der Rechtlosigkeit, der Gewalt, der Angst, der Entfremdung. Wir sind Teil dieses großen Kunstwerkes geworden, das wir gemeinsam erschaffen haben. Wenigstens ist unser Anteil daran groß. Dieses Kunstwerkes, das sich Revolution nennt und das in hohem Maße auch die Funktion eines Kunstwerkes übernimmt, weil es die Verkrustungen über den Seelen der Menschen aufbricht. Aber zugleich, indem wir Kunst und Leben vermischt haben, sind wir mitten hineingeraten in das Spektakel. Man will uns nicht mehr wie früher.

Erst einmal sind wir vom Sockel gestürzt, auf dem wir zwar dem Wind ausgesetzt waren, auf dem es sich doch hochgemut stehen ließ. Und dieser Sturz ist gut. Für uns und für die, die uns stürzen. Was wären wir für Künstler, wenn wir die Wirkung unseres Kunstwerks bedauerten. Wenn wir unser Publikum in der Entmündigung belassen wollten. Wir waren privilegiert. Während fast alle von ihrer Arbeit entfremdet waren, konnten wir uns mit dem, was wir schufen, identifizieren. Ich vergesse dabei nicht die Repressalien. Die erlaubten uns manchmal sogar Identifikation mit dem, was wir nicht schufen.

Ein Arbeiter, der wegen des totalen Mangels an Innovationsfähigkeit unserer Wirtschaft jahraus, jahrein schlechte Produkte herstellen mußte, Produkte, die auf dem Weltmarkt nicht angesehen waren, dessen Arbeitskraft als Billiglohnware verhökert wurde, der wird die Dinge etwas anders sehen als wir.

Ich bin auch traurig, sehr sogar, daß unser Kunstwerk nun wahrscheinlich eine platte Kopie von einer Wirklichkeit wird, die selbst höchst verbesserungswürdig wäre. Unerträglich ist es, daß diese Wirklichkeit dadurch in einem Glanz erstrahlt, der ihr nicht zukommt. Aber das ist nicht ein Versagen der Revolution. Diese Revolution ist immer noch erstaunlich. Auch in ihrer zweiten Phase. Wer das anders sieht, der hat idyllische Vorstellungen von Revolutionen. Die Weichen wurden vorher gestellt. Und diese Revolution führt von einer Gesellschaft, die auf Grund ihrer Ineffizienz den Anforderungen unserer Zeit überhaupt nicht gewachsen war, in eine Gesellschaft, die ihnen nicht ausreichend gewachsen sein wird.

Die ihnen vielleicht nicht in humanistischer Weise gewachsen sein wird. Das bleibt abzuwarten. Oder? Sollten wir im Schmollwinkel bleiben und wirklich warten?

In der ersten Phase der Revolution waren wir sehr schön. Wir gingen anders, wir bewegten uns anders, wir waren noch alle beisammen. Dann brauchte diese Revolution eine Vision. Und da ging uns die Luft aus. Für all unsere schönen Entwürfe war es zu spät. Das Volk schuf sich die seine auf der Straße. Die Menschheit ist um eine Hoffnung ärmer. Aber das ist nicht die Schuld des Volkes. Es leidet und braucht unsere Liebe. Wir dürfen es nicht verachten. Wir sind ein Teil des Volkes und zugleich sein Anwalt. Das gerade ist die Erfahrung, die wir in den letzten Jahrzehnten gemacht haben, und die kann uns keiner nehmen. Die Menschen wollen endlich wieder lernen, sich zu ihren Gefühlen zu bekennen. Wir mit ihnen. Wir sind sogar von Berufs wegen für Gefühle zuständig.

Wir werden gebraucht. Gebrauchtwerden deutet immer auf ein Defizit. Sagen wir also: Wir werden wieder gebraucht werden. Leider.

*Februar 1990*

# Was nun?

Der schwere Abschied

Als wir aufgaben, blieben die anderen auf dem Boot sitzen. Auf diesem Boot mit den morschen, faulenden Planken, das nun ins offene Meer treiben würde, ein wenig schneller, wegen seines geringeren Gewichts. Es würde den Stürmen kaum noch gewachsen sein. Wir wendeten uns nicht, als wir durchs brackige Wasser ans Ufer stapften. Aber die Konturen der kalkigen Gesichter brannten sich in unsere Seele ein. Wir hofften, man würde uns rufen. Aber hinter uns kein Laut. Als wir über das steinige Ufer krochen, weinten wir, wie wir nie im Leben geweint hatten. Weil wir nicht gerufen worden waren. Denn wir sehnten uns nach nichts so sehr als danach, geliebt zu werden.

Das verbotene Zimmer

Diese Partei ist uns Heimat gewesen. Wir hatten keine andere. Den meisten von uns war Zugehörigkeit schon einmal in Frage gestellt worden. Sei es als Täter oder Opfer oder als Kinder von Tätern oder Opfern. Weil wir nicht die rechte soziale Herkunft oder die falsche Verwandtschaft hatten. An dem Wort »deutsch« trugen wir wie an einem Körperteil, der zwar nicht ganz richtig ist, auf den man aber auch nicht verzichten kann. Später verwendeten wir lieber das Wort »unser«.

Wir wollten brave Kinder sein. Uns Lob verdienen.

Frühzeitig hatten wir gelernt, daß man uns Zuwendung und Liebe entziehen konnte. Wir waren immer nur bedingt geliebt worden, und nicht einmal dessen waren wir uns ganz gewiß. Wir sehnten uns nach Geborgenheit. Ein Gemeinschaftsangebot, bei dem es auf unser »Ich« nicht ankam, war für uns gefährlich wie eine Droge. Wir liebten die Disziplin, deren Regeln für uns verständlich und einhaltbar waren. Wir erfanden Masken, wie »Treue zur Sache«, »Kampfgeist«, »unverbrüchliche Standfestigkeit«, hinter denen wir uns verbergen konnten.

Wir waren zutiefst romantisch und religiös. Unsere Rituale hatten ihren Sinn. Etwa die Aufnahme in die Gemeinschaft. Wie bewegte es unsere Seele, daß es Paten oder Bürgen gab, die für uns einstanden; daß wir unsere Zugehörigkeit bescheinigt erhielten, durch ein Dokument, von dem man uns sagte, dies sei fortan unser wichtigstes; und dann natürlich die Vertraulichkeit der Anrede. Nichts fürchteten wir so sehr wie den Liebesentzug der Gemeinschaft. Die Partei war Vater und Mutter. Und wie wir bei diesen ersten Liebesobjekten entschuldigt und entschuldigt hatten, nur um weiter lieben zu können, waren wir auch hier bereit zu Kompromissen, zum Verdrängen. Was um so besser gelang, da uns ein Feindbild leichtgemacht wurde. Denn das darf man nicht vergessen: Es gab sie doch, die Strategien mit dem »Kriegsschauplatz Europa«. Als wir über das steinige Ufer krochen, ein jeder für sich, dachten wir an die Chorgesänge, in die wir eingestimmt hatten. An die Schlußworte, die wir Leuten überließen, deren Gesichter niemals von einer Erleuchtung heimgesucht wurden. An die hohlen Formeln, die wir wie Beschwörungen vor uns hergetragen hatten. Plötzlich galt unser jahrelanges Bemühen, die Welt zu verbessern, nichts mehr ...

Die ehrlichen Stalinisten

Die Zeit war über sie hinweggegangen. Sie richteten kaum noch Schaden an. Sie waren uns eher peinlich. Viele von ihnen hatten eine rühmliche Vergangenheit. Und wir achteten sie wie geschwätzige, aber ehrbare Großväter, die schon von einer anderen Welt waren. Sie betrugen sich unduldsam und selbstgerecht. Ihr Menschenbild war durch den Faschismusschock geprägt. Sie trauten den Massen nicht. Sie blickten immer ein wenig von oben nach unten und waren eigentlich unerträglich. Ihre Sprache war konfrontativ. Sie hatten den Faschismus »mit Stumpf und Stiel ausgemerzt«. Sie liebten es, in die »Offensive« zu gehen. Ihre große Zeit war vorüber. Sie verstanden uns, ihre Enkel, immer weniger. Sie belehrten uns, und wir, die wir nie Zeit hatten, versuchten sie in Ghettos zu drängen.


Die Nomenklatura

Die eigentliche Macht lag in den Händen des Apparats. Diese neue herrschende Klasse glaubte an nichts. Wir wußten nie genau, ob sie geistig wirklich so beschränkt waren, wie sie erschienen – es wäre erschreckend, von soviel Mittelmaß zugrunde gerichtet worden zu sein –, oder ob es zu ihrer Selbstbehauptung gehörte, sich dumm zu stellen. Auf jeden Fall wurden sie im Laufe der Jahre zu Zynikern und Heuchlern. Sie fälschten die Berichte. Machten aus Niederlagen Erfolgsmeldungen und spielten sich als Gralshüter der reinen Lehre auf, an die sie nicht glaubten. Sie besaßen Macht nach unten. Durch die totale Verflechtung von politischer, staatlicher, ökonomischer, militärischer, paramilitärischer und geheimdienstlicher

Gewalt besaßen sie sogar große Macht. Zugleich befanden sie sich in totaler Abhängigkeit von der gesamten Machtpyramide über sich. Sie erhielten nicht einmal einen ordentlichen Arbeitsvertrag. Sie liebten es, mit gedämpfter Stimme, aber mit gewissem Nachdruck vom Klassenfeind zu sprechen, so, als verfügten sie über geheimes Wissen, das sie auf irgendeine Weise rechtfertigte. Das alles rechtfertigte, was der Machterhaltung diente. Machterhaltung wurde immer mehr zum Selbstzweck. Zu ihrem ureigentlichsten Selbstzweck. Denn sie waren nichts, wenn sie ihren Posten verloren. Und zugleich waren sie die herrschende Klasse. Das Herrschaftsprinzip dieses feudalen Systems bestand in der Demütigung des Menschen. Sie besaßen die Verfügungsgewalt über Menschen, und über sie wurde selbst verfügt. Und natürlich verfügten sie auch über die Produktionsmittel. Über die Meinungsindustrie. Über die Kunst. Sie verfügten so total, daß sie es nicht einmal gut zu machen brauchten. Sie entschieden über die Verteilung dessen, was zu verteilen war, bereicherten sich, auch noch, als es längst nichts mehr zu verteilen gab.

Natürlich kannte jeder von uns einen, der ganz anders war. Man kann auch nicht sagen, daß sie nicht »das Gute« wollten. Nur war ihr Schluß, daß sie, um »das Gute« tun zu können, erst einmal die Macht brauchten. Und die Sorge um die Macht ließ sie gar nicht zu der Frage, ob denn die anderen ihr »Gutes« wollten, vordringen. Ja, irgendwann ging das Gute überhaupt verloren.

Auch als längst offensichtlich war, daß das Gesellschaftskonzept nicht funktionierte, weil jede innere Triebkraft für eine Entwicklung fehlte, waren sie zu keinerlei Korrektur bereit, weil jeder Schritt in solche Richtung das Haus, das nur noch ein Kartenhaus war, zum Zusammenfallen gebracht hätte. Wahrscheinlich ahnten sie es. Jedenfalls wußten sie es besser als wir. Statt dessen wurden sie immer repressiver, und ihre vordergründigen eitlen Demonstrationen von Macht beleidigten uns in ihrer unmoralischen Arroganz. Allein schon am Morgen die Zeitung aufzuschlagen und ihre neuesten Verlautbarungen zu lesen hatte etwas Masochistisches.


Die Weltverbesserer

Wir, die wir uns später die Basis nannten, wir wußten, daß die »Lehre« falsch war. Die einen wußten es mehr auf Grund der unübersehbaren Anzeichen. Die anderen auf Grund ihrer theoretischen Einsicht. Wir staunten, daß es gelang, uns ökonomisch über Wasser zu halten. So lange jedenfalls. Nachträglich wissen wir wie. Und insgeheim nötigt uns das Unternehmertum unserer Alten auch Anerkennung ab. Denn wir hatten sie unterschätzt. Wir hielten sie für senil und eitel. Das ja. Aber das übrige hätten wir ihnen nie zugetraut.

Es ist schwer zu sagen, was wir wußten und was nicht. Schon wissen wir es selbst nicht mehr. Wir logen unsere kleinen Lügen im Dienste einer »höheren Wahrheit«. Unsere Gemeinschaft, unsere Verschwiegenheit, unsere einfache Existenz war für die Nichtzugehörigen eine dauernde Kränkung, denn sie litten am gleichen Mangel wie wir. Sie verdrängten dies, um leben zu können, aber als es ihnen schließlich bewußt wurde, schlug das Verdrängte in Wut um, der wir nun fassungslos gegenüberstanden, vor allem, wenn er von solchen kam, die sich in der Vergangenheit viel weniger engagiert hatten, die Dinge zu wenden, als wir. Solche waren plötzlich die Neureichs im Rechthaben.

Es wäre zu einfach zu sagen, wir wurden mit einer unmoralischen Politik identifiziert, auf die wir keinerlei Einfluß hatten. Auf diese Weise könnte man stufenweise jeden freisprechen. Es wäre besser, die anderen, die jahrelang geschwiegen haben, würden uns ein bißchen Schuld tragen helfen. Leichter ist es aber, sich wiederum besser als andere zu fühlen. Und so geht dann vielleicht die Geschichte von neuem los. Irgendwie ist es, so gesehen, auch gut, diesmal nicht zu den Siegern der Geschichte zu gehören.

Wir waren keine Demokraten. Immer wenn jemand vom Volk sprach, stand jemand anders auf und erinnerte daran, daß das Volk sich einst für den Faschismus entschieden hatte. Solchem Volk war nicht zu trauen. Und dann sprach noch jemand von der kreuzgefährlichen Weltlage. Und von den Errungenschaften. Niemals hätten wir an die Möglichkeit einer gewaltfreien Revolution durch die Volksmassen geglaubt. Nicht einmal das Volk selbst hätte daran geglaubt. Wir hofften auf die Revolution von oben. Auf die bessere Einsicht. Sprachen sogar, wegen des Alters der Herrschenden, von der »biologischen Lösung«. Heute wissen wir freilich, daß dies eine vergebliche Hoffnung gewesen ist. Diese Strukturen konnte nur eine vom Volk getragene Revolution zerschlagen.


Die Revolution war siegreich,
das Volk trägt Trauer

Wir, die wir nicht lieben können, spielen doch hin und wieder Liebe, um uns am Widerschein zu wärmen. Diese Revolution wurde nicht von den Oppositionellen, nicht von uns Weltverbesserern, nicht von den Nörglern entschieden. Das Tempo und den Ausgang des Geschehens bestimmten die Wegläufer. Die Menschen nahmen einfach Reißaus.

Und die Tiere standen in der geöffneten Stalltür, der Tür dieses Stalles, in dem sie sich ein Leben lang nach der Freiheit des Waldes und den zarten Kräutern der Lichtungen gesehnt hatten, und fürchteten sich sehr. Einige jedoch stürzten tollkühn ins Freie, weil sie in der Stalldecke gefährliche Risse zu bemerken glaubten. *Das Feudalsystem wird verschwinden, vom Sturm der Geschichte hinweggefegt, aber die Menschheit wird um eine Hoffnung ärmer sein.* Wir werden nostalgisch von den alten Zeiten sprechen und vergessen, daß all das Gute irgendwie ambivalent war. Damals, werden wir sagen, damals...


Und was nun?

Ach, wir sind nicht totzukriegen. Wir werden von einem neuen Boot träumen. Und das wird eine Arche sein. Aus »Weltverbesserern« werden »Weltretter«.

Als Noah die Arche bevölkerte, nahm er von allem, was da lebte, ein Paar, für mehr war kein Platz. Was steht uns ins Haus? Ökofaschismus? Volk ohne Luft?

Für Utopien und Reißbrettentwürfe wird keine Zeit mehr sein. Wir haben schon wieder keinen Winter. Vielleicht wird bald das ganze schöne Sein utopisch. Es wird genug Arbeit für uns geben. Die Antiutopie ist angesagt. Wir müssen das formulieren, was wir keinesfalls wollen. Und irgendwie ist das ja auch erst einmal leichter. Aber leicht wird es nicht sein. Und was kommt, müssen wir besser machen. Diesmal geht's ums Ganze.

*Februar 1990*

# Ein Glück für uns alle?
*Ein Briefwechsel*


An die Selbsthilfegruppe
im Volkskunstklub
Willi-Bredel-Str. 26

25.1.90

Liebe Freunde!

Ihre Zeilen in der BZ ermutigen mich, Sie so zu nennen. Seit Wochen und Monaten grüble ich: Es muß doch noch mehr geben, denen es so geht wie mir. Wie bewältigt man das?

Ich werde nicht nach Berlin kommen können, es ist zu beschwerlich. Ich lebe in einem kleinen Dorf im Norden von Berlin.

Ich finde mich überhaupt nicht mehr zurecht. Gesprächspartner habe ich kaum. Als Fazit: ein umsonst gelebtes Leben!

Im Telegrammstil: Jahrgang '33, Umsiedler aus der ČSR, 1945 in Freiberg/Sa. Zuerst Überwinden der alten »Ideale«. Tage- und nächtelang Diskussionen mit alten Genossen aus SPD und KPD. Aktiv beim Aufbau der FDJ, FDJ-Funktionär Land Sachsen. SED 1950. Aus tiefster Überzeugung, unsere Ideale zu verwirklichen.

Otto Buchwitz in Dresden: »Hütet die Einheit!«, IV. Parlament-Auftrag, also in die bewaffneten Organe. 1952–57 VP-Angehörige, zuletzt Leutnant, Politabteilung der HVDVP Berlin. Zu viele Fragen wegen Ungarn und Stalinaufarbeitung, Parteiausschluß 1957. Glück gehabt, Disziplinarhaft ersparte mir wohl Schlimmeres. Das alles nie mit Partei als Ganzes in Zusammenhang gebracht, dachte, es wäre personengebunden gewesen. ½ Jahr arbeitslos, weil keiner mich einstellte. 2jähriges Kind, Ehescheidung natürlich. Ganz neu angefangen. KWO, dann Fernstudium Unterstufenlehrer/Erzieher. Tagesoberschule, Pionierhaus. Mehrmals versucht, Rehabilitierung zu erreichen, gegen MdI unmöglich. Seit 1971 hier Erzieher in einem Kinderheim. Alles immer mit vollem Einsatz. Viel Pionierarbeit, nie reglementiert, viel emotional vermittelt, woran ich selbst glaubte. 3 Kinder geboren und großgezogen. Den Ältesten 1984 an die andere Welt verloren. Die Tochter – aus Überzeugung Pionierleiter. Von ihren Pionieren geliebt und verehrt – doch jetzt ohne Perspektive, der Schwiegersohn Berufsoffizier – wie lange noch, und was dann? Der Jüngste S-Bahn-Fahrer in Berlin.

Mein Lebensgefährte 1988 verstorben. Ich brach damals total zusammen. Hatte mich nach einem Jahr wieder mit Hilfe und Liebe meiner Kinder hochgerappelt – nun das!

Im Oktober 1989 begrüßte ich das noch. Habe oft die vergangenen Jahre gesagt: »Das sind nicht die Ideale, für die ich in meiner Jugend gekämpft habe.« Immer im Glauben, wir packen das noch. 1980, spätestens 1985 wäre es gegangen, dachte ich. Nun die Enthüllungen, die ersten nicht geglaubt. Ein Leben lang Utopien nachgejagt? Wir hätten es doch aber packen können!

Und jetzt stehen so viele auf und schreien, sie wurden verfolgt. Unrecht soll gesühnt werden. Aber wie viele segeln jetzt im Windschatten? Warum spricht die SPD von Zwangsvereinigung? Ich war damals alt genug, um die Tränen in den Augen der SPD/KPD-Genossen zu sehen, von ihnen zu lernen.

Jetzt sehen alle nach Bananen, vollen Schaufenstern. Modrow stellt man immer neue Forderungen. Hier streiken die Schulbusfahrer. Täglich neue Forderungen – fleißige Arbeit und gemeinsames Vorgehen hat man vergessen. Beschimpfungen für jeden, der nicht sofort zu allem »Hurra« schreit. Das Heim soll aufgelöst werden, die Wohnung ist in einem Haus, das Westdeutschen gehört...

Wo ist meine Lebensperspektive? Noch drei Jahre bis zur Rente – ob ich das schaffe? Schlafstörungen, Kreislaufprobleme, unlösbare Fragen. Ist das ein Fazit des Lebens? Manchmal möchte ich nicht mehr aufwachen früh. Wie lösen andere Menschen diese Probleme?

Wie bewältigt man das alles?
Mit freundlichen Grüßen
S. M.


18.2.1990
Liebe Frau M.!

Seit ich Ihren Brief erhielt, muß ich immer wieder an Sie denken. Vor allem nachts, wenn ich nicht schlafen kann...

Umsonst gelebte Leben? Ihr Leben? Mein Leben? Irgendein Leben? Was hat man uns angetan, daß wir diese Frage so stellen! Was tun wir uns an! Als sei unsere Daseinsberechtigung einem gewissen Zweck unterworfen. Wie wenig wir doch gelernt haben, gut mit uns selbst umzugehen. Vielleicht war das die größte Schuld der Vergangenheit: die Mißachtung, die Demütigung des einzelnen von außen so weit zu treiben, daß man sie verinnerlichte. Daß man sich selbst nichts wert war, außerhalb eines höheren kollektiven Ziels...

Wir sind hineingeboren worden in diese Zeit, haben unsere Hoffnungen und Ideale gehabt und dafür gelebt. Irgendwann begannen die Zweifel, bei dem einen eher, bei dem anderen erst jetzt. Immer war es ein sehr schmerzhafter Prozeß. Manch einer hat sie auch nicht wahrhaben wollen, weil er es nicht ausgehalten hätte. Jetzt müssen wir es alle aushalten, denn wir bekommen es von den anderen ganz massiv gesagt. Und wir sollten es aushalten, meinen Sie nicht auch? Wir, die wir nur noch wenig hinzuzusetzen haben werden in unserer Biographie, sollten freundlich auf dieses Leben zurücksehen. Und traurig sein sollten wir auch. Trauern darüber, daß wir anderen unsere Intoleranz zugemutet haben. Und vielen ist ja, auch in unserem Namen, noch mehr angetan worden...

Was uns jetzt wie ein Verlust vorkommt, war längst verloren, nein, war in Wirklichkeit nie gewonnen. Ich persönlich glaube jedenfalls nicht, daß 1980 oder 1985 noch etwas rettbar gewesen wäre. Es ist auch keine Frage der falschen Leute gewesen. Ich glaube, die ganze Gesellschaftsstruktur war falsch. Und zwar von Anfang an. Sie war den modernen Produktivitäten nicht angemessen. Insofern ist das, was jetzt kommt, eine Vorwärtsentwicklung und nicht eine Rückentwicklung, jedenfalls, was große gesamtgesellschaftliche Entwicklungsprozesse anbelangt. Die Oktoberrevolution hat in einem sehr rückständigen Land stattgefunden und mündete vor der bürgerlichen Revolution in eine relativ stabile Phase ein, die dann zu uns exportiert wurde. So ist es auch kein Zweifel, wenn diese Strukturen nun auch in allen anderen Ländern wie Kartenhäuser zusammenbrechen. Nicht Korruption, nicht Versagen hat uns zugrunde gerichtet. Der Ansatz war bereits falsch.

Eigentlich können wir, wenn man es so betrachtet, auch froh sein, diese historische Zeit miterleben zu dürfen. Bei allen Problemen, die es gibt. Leben in historisch großen Zeiten war nie einfach. Aber wie viele Verkrustungen nun aufbrechen! Wir sollten der Jugend gönnen, daß sie nun endlich selbst gestalten darf. Wir haben unsere Zeit gehabt.

Ich möchte jetzt etwas sagen, was vielleicht heute kein Mensch akzeptieren kann: Ich bin der Meinung, der Verlauf unserer Revolution ist noch immer ein großes Glück für uns alle. Selbst für die Leidenden. Ein großes Glück, vergleicht man mit den möglichen Alternativen. Stellen Sie sich vor, es hätte keine Revolution stattgefunden und das alte System, das in der letzten Zeit so offen unmoralisch war, wäre immer mehr in die Klemme gekommen. Mit welchen Methoden hätte es vielleicht versucht, seine Existenz zu erhalten. Und vielleicht auch noch in unserem Namen. Andererseits, wie viele Bedingungen mußten zusammentreffen, angefangen von der weltpolitischen Lage bis hin zur Konstellation der verschiedenen Kräfte in unserem Land, daß diese Revolution bisher gewaltfrei verlaufen ist. Das hätte doch, bei unserer sensiblen Lage zwischen den beiden Weltsystemen, vorher niemand zu hoffen gewagt. Natürlich bin ich auch traurig, daß wir uns nun endgültig von unseren Träumen verabschieden müssen. Daß die Entwicklung wahrscheinlich auf nichts weiter als auf die Kopie einer Wirklichkeit hinausläuft, deren wahren Charakter wir bald zu spüren bekommen werden. Um so mehr zu spüren, weil wir gar nicht daran gewöhnt sind, als mündige Bürger für unsere eigenen Interessen einzutreten. Das wird aber nötig sein.

Diese neue Gesellschaft wird weder gerecht sein noch Chancengleichheit bieten. Aber wenn wir nun wirklich ehrlich sind, Chancen hatten in unserer Gesellschaft auch nur die Angepaßten. Trotz des verlogenen Anspruchs. Ich habe so viel Kreativität kaputtgehen oder brachliegen sehen.

Was mir große Sorgen macht, ist die Demütigung, die uns nicht erspart bleiben wird. Es ist so schwer, Demütigungen bei sich enden zu lassen, sie also nicht an andere weiterzugeben. Gedemütigte Völker neigen zu rassistischem Gedankengut oder nationaler Überheblichkeit. Hier wird sich nun zeigen, ob wir nicht doch einige Wertvorstellungen gefestigt haben. Ich hoffe es sehr. Was heute so als Privileg verketzert wird, selbst wenn es manchmal wirklich die Anerkennung großer Leistung war, wird uns bald gesetzlich sanktioniert, vom Geld gesteuert entgegentreten. Die neue Zeit wird nicht für alle gleichmäßig Reichtum und Wohlleben bringen. Im Gegenteil. Die soziale Differenzierung wird sich in einer für uns ungewohnten Weise verschärfen. Schon jetzt droht vielen Perspektivlosigkeit, und die Zukunftsängste sind groß.

Andererseits sollte man seine Ängste auch nicht übertreiben. Unser Land hat, durch seine Tradition, in seinen fleißigen, gebildeten Bürgern einen Reichtum, der vielleicht doch in absehbarer Zeit eine gewisse Stabilisierung möglich macht. Gerade mit diesem Pfund ist in der Vergangenheit schlecht umgegangen worden. Auf jeden Fall scheint es mir wichtig zu sein, daß wir auf dem Weg in eine deutsche Einheit unsere Würde nicht verlieren. Dann können wir, ähnlich wie bei unserer Revolution, froh sein über den Lauf der Dinge, vor allem darüber, daß der andere deutsche Staat ein demokratischer Staat mit einer prosperierenden Wirtschaft ist.

Gewiß, unsere Träume von der Menschengemeinschaft waren sehr schön, aber eben leider falsch, und sie hatten mit der Wirklichkeit, die uns umgab, schon längst nichts mehr zu tun.

Vielleicht finden Sie die allgemeinen Aussagen nun wenig tröstlich für Ihre konkrete Situation. Ich habe auch

Zukunftsängste. Aber ich glaube, man sollte sich ihnen nicht passiv ausliefern. Für sehr wichtig halte ich, daß man sich in den Familien wieder mehr aufeinander besinnt, daß man sich wieder stärker füreinander verantwortlich fühlt. Daß man dieses Solidargefühl einander auch mitteilt. Darüber hinaus aber sollten sich Gleichbetroffene oder -bedrohte zusammenschließen und die neuen demokratischen Spielräume nutzen, um die eigenen Interessen, natürlich mit einem gesamtgesellschaftlichen Verantwortungsgefühl, zu vertreten...

Wenn wir die Vergangenheit kritisch und selbstkritisch verarbeiten, wenn wir traurig sind und schließlich uns und unser Leben annehmen, dann haben wir selbst die Chance, diesmal aus der Geschichte wirklich die Lehren zu ziehen. Und wir geben sie weiter. Man wird uns wieder annehmen. Und ich bin überzeugt, wir werden gebraucht werden. Selbst wenn wir arbeitslos sind und vielleicht in sozialer Not, werden wir von anderen gebraucht werden. Dann können wir beweisen, wie ernst es uns mit unseren Idealen war. Dazu ist man nie zu alt. Mir hat die Zuwendung zu anderen oder von anderen noch immer geholfen. Denn auch, daß einer Hilfe annehmen kann, ist für die Helfenden von großer Bedeutung.

Ich wünsche Ihnen viel Mut,
Helga Königsdorf

*Februar 1990*

# Die Phasen der Revolution

Denjenigen, die den Verlauf der Revolution bedauern, möchte ich sagen: Nachträglich gesehen, zugegeben nachträglich, erscheinen die Phasen dieser Revolution fast zwangsläufig.

Bei allem politischen Versagen des hinter uns liegenden Gesellschaftssystems, in erster Linie ist es doch an seiner ökonomischen Ineffektivität gescheitert.

Dieses System, in dem Politik, sprich Machterhaltung, gegenüber der Ökonomie Vorrang hatte, in der das Steuerprinzip eine Mangelsteuerung war, hatte keinerlei inneren Zwang, sich von veralteter Technik zu trennen, keinerlei Zwang zur Innovation. Durch die Willkür in der Preisbildung fehlte auch der Blutkreislauf, der eine Regelung möglich macht. Die Vorstellung, solch eine Volkswirtschaft wäre durch leistungsfähige Computer zentral steuerbar, ist längst widerlegt. Die Folgen solcher Ineffizienz waren aber verheerend. Wegen der mangelhaften Innovationsfähigkeit ging die Außenhandelsrentabilität zurück. Diese Länder verschuldeten sich oder schoben dies eine Weile durch Ausverkauf hinaus. Die Arbeitskraft der eigenen Bevölkerung wurde zur Billiglohnware auf dem Weltmarkt, was besonders makaber war, da das System einst antrat, die Ausbeutung des Menschen abzuschaffen. Nun wurde die Ausbeutung durch den Weltmarkt in krasser Weise auf die eigenen Arbeiter durchgestellt. Das Geld, mit dem die Arbeitskraft bezahlt wurde, war in der Welt nicht angesehen, was in einem Land wie dem unseren, in dem man sich nicht auf traditionelle Rückständigkeit berufen konnte, eine andauernde Demütigung bedeutete.

Aber nicht nur eine Demütigung. Die Menschen erlebten, wie das soziale Netz immer mehr zum Schleppnetz auf dem Trockenen wurde. Das System war nicht in der Lage, seinen Beitrag zur Lösung der globalen Probleme der Menschheit zu leisten. Im Gegenteil, es machte vor Raubbau an der Umwelt und vor moralisch verwerflichen internationalen Geschäftspraktiken nicht halt.

Zwangsläufig wurde ein solches System immer restriktiver, wobei mangelnder Leistungsdruck eine gewisse Gemütlichkeit vortäuschte. Der Mensch wurde aber in Wirklichkeit durch Macht und Bürokratie gegängelt. Ihm wurden wichtige Informationen, etwa über die Auswirkungen der Umweltbelastung auf seinen Gesundheitszustand, vorenthalten. Seine Kreativität wurde nicht gebraucht, sondern verdächtigt.

Das Ende kennen wir: Die Menschen nahmen Reißaus, und durch diese Abstimmung mit den Füßen wurde die Revolution bei uns eingeleitet. Nicht durch das Aufbegehren der Künstler oder der Oppositionellen. Die setzten sich eine Zeitlang an die Spitze, was ihr gutes Recht, vielleicht sogar so etwas wie eine moralische Pflicht war. In Zeiten von Revolutionen läuft allerdings die Uhr schneller, und Illusionen werden bestraft.

Es gab einige, wenige, Überlegungen zur Konzeption einer neuen Gesellschaftsstruktur, eines demokratischen Sozialismus. Die Tragik war, daß die Avantgardisten über Nacht zu Dogmatikern wurden. Was immer auch konzipiert wurde, der ökonomische Ansatz war nicht überzeugend. Es gibt bis heute keine Alternative zur Marktwirtschaft. Eine Marktwirtschaft, die natürlich auch Planungselemente enthält. Eine Planung, die unter anderem das ungezügelte Wachstum um des Wachstums willen in eine sozial und ökologisch determinierte Richtung verändert. Die größte Schwierigkeit aber lag darin, daß aus eigener Kraft kein Weg dahin führte. Eine langsame Umstellung war praktisch unvorstellbar. Eine schnelle durchgreifende Reform erforderte aber eine starke Akkumulation, die bei der schlechten wirtschaftlichen Ausgangslage und bei dem absoluten politischen Vertrauensverlust unmöglich war. Eine solche Reform muß innerhalb kürzester Zeit einen Geld- und einen Kapitalmarkt, einen Warenmarkt und einen Arbeitskräftemarkt schaffen. In diesem Übergang wird es soziale Umschichtungen und Auffächerungen in vorher nie dagewesener Geschwindigkeit geben. Es wird weder gerecht noch sehr moralisch zugehen.

Aus diesen Überlegungen ergeben sich folgende Phasen fast zwangsläufig:

1. Die schöne Phase der Revolution

Es besteht Konsens darüber, daß es so nicht weitergeht. Aus der Erfahrung mit der Ohnmacht des alten Unterdrückungsapparates erwächst ein neues Selbstbewußtsein, das Massen ergreift. Ein Gefühl der Verantwortlichkeit und das Ausbleiben von Aggressivität kennzeichnen diese Phase.

2. Die visionäre Phase

Nach teilweiser Zerschlagung der alten Machtstrukturen braucht die Revolution eine Vision. Die entsteht auf der Straße, heißt »Deutschland, einig Vaterland« und widerspiegelt die ökonomische Situation logisch. Sie bekommt einen aggressiven Unterton, da sie sich gegen die Konsolidierungsversuche des alten Apparates, aber auch gegen die Anführer der ersten Phase durchsetzen muß.

3. Die Phase des Wahlkampfes

Diese Phase ist von politischer Aktivität gekennzeichnet. Es entstehen illusionäres Selbstbewußtsein und Erwartungshaltungen, aber auch bereits Ängste sowie individuelle Schuldzuweisungen und Ausgrenzung.

4. Die Phase des ökonomischen Umbaus

In dieser Phase werden viele unrealistische ökonomische und politische Erwartungen enttäuscht. Die Kräfte der ehemaligen Opposition finden sich zum großen Teil abermals in der Opposition wieder. Die neuen Machthaber rekrutieren, nicht zuletzt ihrer Natur gemäß, aber auch aus den objektiven Notwendigkeiten heraus, aus dem Kreis der ehemaligen Macher oder kommen von außen. Arbeitslosigkeit und neue Armut von nicht dagewesenem Ausmaß werden mit entstehendem neuen Reichtum konfrontiert. Soziale Spannungen führen zu einer politischen Polarisierung und Radikalisierung.

5. Konsolidierungsphase

In dieser Phase könnte ein »gedämpftes Wirtschaftswunder« stattfinden. Die Gesellschaft wird aber weder eine gerechte Gesellschaft sein, noch, was das ökonomische System anbelangt, Chancengleichheit bieten.

Nicht Nostalgie, nicht neue Utopie, sondern schnelles Einstellen auf die Realitäten ist das Gebot der Stunde. Linke Politik wird eine jetzt erst mögliche, unverzichtbare Komponente im politischen Spektrum sein. Wobei wir unter linker Politik die Durchsetzung von Bedingungen für die Qualität existierenden und künftigen Lebens verstehen. Diese Durchsetzung erfolgt im Konflikt mit der Wachstumslogik des Kapitals, und zwar in der humanistischen Lösung dieses Konfliktes. So gesehen sind demokratische Strukturen und eine funktionsfähige Wirtschaft Voraussetzungen für linke Politik. Andernfalls blieben linke Forderungen hilfloses Anmahnen von Wunschvorstellungen.

*März 1990*

# Was bleibt von der DDR-Literatur?

Eigentlich möchte ich jetzt einfach nur tief durchatmen. Aber ich muß an dem angemaßten Ort bleiben und kann mich nicht einfach aus der Verantwortung drücken. Wenn man später wissen will, wie es gewesen ist, in dieser DDR, wird man es vor allem aus ihrer Literatur erfahren. Oder besser, man wird erfahren, wie es auch gewesen ist. Man erfährt also nur die halbe Wahrheit, die zur Halbwahrheit verkäme, unterstellte man ihr den Anspruch eines Gesamtberichtes.

Die DDR-Literatur gleicht einem vielgeprügelten Hund. Kaum wechselt die Obrigkeit, klatscht die Hand, die eben noch, entrüstet über die Schläge der alten Herren, mit dem Finger drohte, neuen Schlägern Beifall.

Die Menschen in diesem Land, auch seine Schriftsteller, könnte man zur Zeit in zwei Gruppen aufteilen. Die einen, die schon immer Gesamtdeutsche waren und die diese DDR nie als ihr Land akzeptierten. Und diejenigen, die in diesen vierzig Jahren eine DDR-Verbundenheit entwickelt haben. Wie man ein Verhältnis zu einem steinigen Stück Land hat, das man unter großen Mühen zu bessern versucht. Letztere stehen nun als die Verlierer und voller Kummer da, und es wird ihnen noch unterstellt, sie wären die Verteidiger des schlimmen Geschehens. Der Riß geht mitten durch alle politischen und ideologischen Bekenntnisse. Es gibt ehemalige Parteimitglieder, die sich besinnen, immer deutsch gewesen zu sein und nichts anderes gewollt zu haben. Und es gibt Kirchenleute, die um den Verlust dieses deutschen Landes DDR trauern. Es gibt Leute, die das Land verlassen mußten und die das Gefühl haben, nun erst endgültig um Heimat betrogen zu sein, und andere, denen es leichtfiel, diesem Land den Rücken zu kehren.

Woher kommt bei den einen dieser Schmerz, dieses Verlustgefühl? Wieso haben wir nicht die ganze Wahrheit geschrieben? Hier ist das Skalpell anzusetzen. Auf diese Fragen muß geantwortet werden. Von uns selbst. Nicht, um das Schäbige, das andere über uns sagen, abzuwehren. Sondern um für uns selbst zu klären, woher wir den Mut schöpfen weiterzuschreiben. Gewiß liegt die Versuchung nahe, anderen, die uns jetzt so streng befragen, zu sagen, sie mögen doch dem Riß in sich selbst nachspüren. Aber das wäre zu billig. Und wahrscheinlich tun sie es leichter, wenn sie unsere Ernsthaftigkeit spüren.

Wir sagen nicht, wir haben es nicht gewußt. Oder wir sind betrogen worden. Das verbietet der Stolz. Und es träfe auch nicht zu. Man konnte immer alles wissen, wenn man es nur wollte. Auf so dumme Weise konnte man uns nicht belügen. Und nach kurzen Anwandlungen von Gläubigkeit, oder war es vielleicht schon Glaubenwollen, die einige von uns durchmachten, begriffen wir, jedenfalls die meisten von uns, daß die Strukturen nicht funktionieren konnten. Überall gab es dafür Symptome. Und dem Bloßlegen solcher Symptome diente vieles, was geschrieben wurde. Wir kritisierten, aber wir stellten nicht in Frage. Jedenfalls nicht total.

Wir mochten ihn nicht, diesen Kapitalismus mit seiner sozialen Ungerechtigkeit, mit seinen perfekten Mechanismen, mit seiner rücksichtslosen Effektivität. Dieser Sozialismus, mit seiner Häßlichkeit und seiner Schwäche, war so oft totgesagt worden, daß er sich den Beinamen »real« geben mußte, damit man an seine Existenz wirklich glauben konnte. Oder man mußte mit der Nase darauf gestoßen werden, was ja mehr oder weniger heftig mit jedem auch geschah. Auf jeden Fall war es wohl gerade seine Unvollkommenheit, die seine endgültige Existenzfähigkeit in dieser Form als zweifelhaft erscheinen ließ. Wir glaubten an die Möglichkeit, ihn von innen her zu reformieren, ihn zu bessern. An die Möglichkeit, der schönen Utopie ein Stück näher zu kommen. Eine Liebe dauert so lange, wie man sich ein Bild vom anderen machen kann, das einen kleinen Traum zuläßt. Bleibt nichts mehr offen, geht die Liebe zu Ende. Wir akzeptierten es nicht, das System, das uns umgab, aber wir liebten die Utopie, die es einst auf seine Fahnen geschrieben hatte. Und wir hatten immer noch die Hoffnung, wir könnten irgendwie dahin gelangen.

Dafür schrieben wir, waren wir listig, verbündeten uns zeitweilig sogar mit den Gegnern unserer Hoffnung. Das war die Wurzel unserer inneren Zensur. Die Grenze fiel bei jedem anders aus. Den einen war das Soforteinflußnehmen, also gedruckt zu werden, wichtig, die anderen hatten einen längeren Atem. Wir wollten das System erschüttern, um es zu verändern, aber nicht das Land, mit dem sich unsere Utopie verbunden hatte, preisgeben. Je schmerzhafter die Differenz zwischen Traum und Realität wurde, um so stärker wurde die Verpflichtung, sich einzumischen. Gerade dieser Leidensdruck wurde die Quelle für unsere Arbeit. In der die Trauer zunahm. Kaum noch Übermut. Und diesen Kummer teilten wir mit unseren Lesern. Nicht allein die Ersatzfunktion, die Literatur hatte, erklärt ihre Rolle in diesem Land, sondern genau diese Verbundenheit.

Im Herbst der Moment Schönheit, in dem die Utopie zum Greifen nahe schien. Ein falscher Schein. Ein Irrtum. In Wahrheit ist sie nie so fern gewesen wie in diesem Augenblick. Wir, die wir dafür gestritten hatten, die wir so lange gehofft hatten, man kann uns borniert Träumer nennen oder was sonst auch immer, wir waren einen Moment närrisch vor Glück, daß wir unser Metier verließen und die Wirklichkeit zu unserem Kunstwerk machen wollten.

Sicher ist das alles ein bißchen vereinfachend, wie alles, was gesagt werden wird, und trifft auf den einzelnen in sehr unterschiedlichem Maße zu. Auch das Maß der Mitschuld, das jeder empfindet, wird sehr verschieden sein, und es ist sicher auch verschieden. Und das ist dann der Punkt, wo das Ich-Sagen notwendig wird.

Für einen kurzen Augenblick dachte ich im Herbst, es würde der Leidensdruck fehlen, und Schreiben wäre nicht mehr nötig. Aber dann brachen die ganze Wucht der Erkenntnis über das eigene Versagen und der Schmerz über die verlorene Vision über mich herein. Es ist ein Schmerz wie nach einer Operation. Ich muß an der Seite derjenigen bleiben, die nun den gleichen schwierigen Weg gehen. Leben ohne Utopie. Schreiben ohne Utopie. Reißbrettentwürfe haben immer auch etwas Unbescheidenes. Vielleicht kommt es längst nur darauf an, der Apokalypse den Weg zu verlegen. Und daß dies nun so in Vergessenheit gerät, darin sehe ich unsere eigentliche Schuld. Gab es überhaupt DDR-Literatur? In diesem Land wurde Gutes und Schlechtes geschrieben, wie überall. Und einiges wenige davon ging in die Welt. Vielleicht als Botschaft aus einem seltsamen Land. Vielleicht auch als Nachricht von Menschen.

Und es muß noch geschrieben werden, was offenblieb. Es ist unsere Pflicht, Zeugnis abzulegen.

Wenn ich nun vorsichtig versuche, tief durchzuatmen, merke ich, wie Reifen um Reifen bricht. Ich wußte gar nicht, daß da so viele waren.

*Mai 1990*

# Thüringen, du mein lieb Heimatland

*Deutschlands grünes Herz wirst du genannt. In der Mitte steht mein Vaterhaus. Von dort zog's mich in die weite Welt hinaus.*
Sie singen es wieder. Auch die ehemaligen Genossen, einschließlich Parteisekretär. Sie tragen grüne Hüte und Bärte. Und nehmen auch das nun sehr ernst. Aber irgendwie fühlen sie sich noch nicht recht behaglich. Sie haben das Gefühl der Wichtigkeit eingebüßt. Ihre Gesichter tragen einen neuen depressiven Zug. Ihre Augen sind unruhig. Und ich wünschte mir sehr, daß keiner eines Tages auf die Idee käme, sie nicht mehr mitsingen zu lassen.

Am Morgen gehe ich zum Kirchhof. Der ist längst gesperrt. Nur noch wenige Gräber, wo höchstens Urnen beigesetzt werden dürfen. Aus Rücksicht auf das Trinkwasser. Das Grab von Anton und Luise vom Efeu überwuchert. Die Marmorkreuze fehlen. Die nächste Generation, meine Großeltern, im Grab daneben. Mein Großvater Oskar, der das Gutshaus mit seinen achthundert Jahre alten Grundmauern zum Schloß mit Zinnen, Turm und Erker umbauen ließ und in seinem Testament festlegte, an dem Haus einschließlich der Einrichtung dürfe hundert Jahre nichts verändert werden. Ach, du mein lieb Heimatland.

Die Glocke vom Kirchturm klingt noch scheppernd und trist wie eh und je. Als die Urne meines Vaters beigesetzt wurde, hat eine Trompete das Lied vom schönsten Wiesengrunde geblasen, und »ein Roter« hat die Rede gehalten. Mein Großvater konnte Pfaffen und Rote nicht ausstehen.

Der Platz für meine Mutter ist noch frei. Die denkt nicht

ans Sterben. Allein schon deshalb nicht, um nicht hierher zurückzumüssen. Mit sechsundachtzig hat sie keine Angst vor dem Altwerden. Drei Revolutionen habe ich erlebt, sagt meine Mutter, und es ist nicht ganz klar, welche sie meint. Es sind nicht immer dieselben. Aber noch nie hat sich in unserer Familie jemand so irrsinnig benommen wie du. Damit meint sie mich.

Auch meinen Vater hätte der Zeitenwechsel nicht sehr überrascht. Er hat immer versucht vorzusorgen. Hauptsache kreditwürdig bleiben. Bankrott kann passieren. Aber keinesfalls ein unehrenhafter Bankrott. Von der Mauer des Kirchhofs sieht man über den Fluß. Da, wo gegenüber der Zug im Tunnel verschwindet, hat der Uhu sein Revier. Da ging mein Vater auf die Jagd. Mein Vater liebte Eichendorff, Stifter, Löns und Freytag. Oh, das deutsche Gemüt. Die Jagdtrophäen hat sein Sohn später an die Knopffabrik verkauft.

Nichts schien mich mehr mit dieser Gegend zu verbinden. Und nun ist da plötzlich so etwas wie ein Heimatgefühl. Es ist viel leichter, mich wieder an Thüringen zu gewöhnen, als an das große Deutschland. Plötzlich weiß ich, daß es wichtig ist, irgendwo Gräber zu haben. Noch ahne ich nicht, daß ich Wochen später schon um den Erhalt der Gräber kämpfen muß. Aber es sind nicht die Gräber allein. Es ist die Gegend, wo ich alles zum ersten Mal erlebte, die Gegend, die voller Überlieferungen und Legenden war. Linker Hand im Tal der Schornstein, wo der Teufel ein- und ausfuhr. Oder tief unter dem alten Gutshaus der Gang, der angeblich bis zur Kirche führte, in dem falschgemünzt wurde. Trotzdem war nichts mehr in mir als eine heimliche Sehnsucht nach Heimat. Diese gefährliche Sehnsucht.

Eines Tages war in der Schule ein Fragebogen auszufül-

len, da stand: soziale Herkunft. Der Sohn des Lehrers schrieb: Intelligenz. Da ich meinen Vater für intelligenter als den Lehrer hielt, schrieb ich auch: Intelligenz. Aber man kam mir auf die Schliche. Es mußte »Sonstiges« heißen. Von nun an war ich »Großbauernkind«. Und dieser Makel hat mein ganzes späteres Leben beeinflußt.
Ich gehe über den Dorfplatz hinauf bis zum Ortsausgang. Und immer weiter bis zum Horizont, der hier ganz nahe ist und hinter dem so lange Zeit die Welt zu Ende war. Ich gehe über das Feld meines Vaters, wo beim Ackern manchmal Bergkristalle zum Vorschein kamen. Wenn man den rechten Blick hatte, konnte man einen finden. Ich habe ihn nicht mehr, den rechten Blick. Und das Feld gehört der LPG. Noch gehört es der LPG.

Ein Vierteljahr später tritt mein Bruder aus der LPG aus und bekommt die Felder zurück. Zwar bin ich aus irgendeinem Grund überzeugt, daß es schiefgehen wird. Aber das ist nicht wichtig. Nie hätte ich ihm so viel Entschlußkraft zugetraut. Und das ist erst mal gut.

Aber jetzt weiß ich davon noch nichts. Zum letzten Mal sehe ich den Westen im Osten liegen. Den Ort in Bayern, wo dem Bäcker noch kurz vor Kriegsende eine Bombe in den Sauerteig fiel. Während mein Vater mit den Tagelöhnern in den Kartoffelfurchen lag. Und ich sehe zurück zum Ort. Sehe die mit Müll zugeschüttete Kuhle, in der das Knabenkraut wuchs. Den zerzausten Wald auf der anderen Seite der Saale, den Schornstein der Papierfabrik, aus dem sich noch immer die schweflige Säure gleichmäßig über die Landschaft verteilt. Sehe die Neubaukästen lieblos in die Landschaft gestellt. Auf den »besten Feldern« meines Vaters, auf denen er als erster Raps angebaut hatte. Den Raps haben wir selbst gepreßt und das Öl ungereinigt verbraucht.

Dort, wo früher der Rinderoffenstall war, treffe ich E. Er hat einen blauen Kittel an und schiebt eine Schubkarre, auf der ein totes Kalb liegt. Als er mich sieht, lächelt er verlegen. Es ist ihm aus irgendeinem Grund peinlich, mir in diesem Moment zu begegnen. Der Kopf des Kalbes baumelt über den Schubkarrenrand. Plötzlich ist die Traurigkeit in mir so stark, daß ich kein Wort sagen kann.

»Großbauernkind« blieb ich auch, als mein Vater seinen Hof »für 99 Jahre einer landwirtschaftlichen Nutzung« übergeben hatte und weggezogen war. Dieser Vertrag war ein besonderes Zugeständnis an meinen Vater gewesen. Den Örtlichen wäre es lieber gewesen, sie hätten meinen Vater enteignen können. Irgendwann wäre er an der ökonomischen Schere zwischen billigen überhöhten Sollabgaben und wachsenden Löhnen und Industriepreisen gescheitert. Er hätte keinen Lohn mehr zahlen können oder Schwarzverkäufe machen müssen. Dann hätten sie das Haus auch gehabt. Das stach ihnen sehr in die Augen.

Ich steige immer höher und empfinde ein großes Glück, so gehen zu können, ohne Angst, daß plötzlich ein Posten auftaucht. Die Traurigkeit geht vorüber.

Ich komme an dem Haus von Frau Sch. vorbei. Na so was, sagt Frau Sch. Und hält den Hund an der Leine. Bist du auch mal wieder in der Heimat? Hamot, sagt sie. Das Hundetier ist kaum zu bändigen. Der ist aber scharf, sage ich. Es kommen jetzt so viele Türken, sagt Frau Sch. Sagt es aber nicht sehr überzeugt, eher verlegen. Aber in einem halben Jahr, vielleicht auch früher, wird sie an ihre Türkengeschichte glauben.

Am Fuße eines Steinhügels, es könnte ein Hünengrab sein, halte ich Rast und schaue zum Dorf zurück. Aus den Schornsteinen steigt jetzt Rauch. Hier und da sieht man neue bunte Tupfer im Grau der Schieferdächer. Es ist, als wäre das Land von einer Schlingpflanze umklammert gewesen, die allmählich alles erstickt hat und die doch ein bißchen wärmte. Jedenfalls hat sie Wärme vorgetäuscht. Wer im Wind stand, hatte es kalt. Nun ist die Pflanze verdorrt und fällt ab. Und die Menschen erwachen, recken sich, blinzeln ins ungewohnte Licht, sind gut, sind böse. Das Spiel mit den Masken ist zu Ende. Für einen Moment steht ein jeder nackt da. Welch ein Moment der Offenbarung. Bis die neuen Masken gefertigt sind. Masken, von denen die Menschen dann meinen, es wären ihre Gesichter.

Plötzlich weiß ich, daß mir die Menschen, die nichts glaubten, die alles hinterfragten, diese etwas zynischen, aber hellwachen DDR-Bürger lieber waren. Das neue Bedürfnis nach Gläubigkeit ist mir unheimlich.

Ich gehe weiter ins Niemandsland. Am Waldrand steht ein Mann und hebt einen umgestürzten Drahtzaun an. Wer bist denn du? frage ich. Und du? fragt er zurück. Wir sehen uns an und kramen beide in Kindheitserinnerungen. Schade um das schöne Material, sagt er schließlich und zeigt auf den gestürzten Grenzzaun. Dann steigt er in seinen Trabi und fährt hinunter zum Ort, aus dem ich gekommen bin.

Das Dorf, in das ich jetzt gelange, hatte außerhalb der Welt gelegen, obwohl es zum Kirchsprengel gehörte und die Kinder zu uns ins Pfarrhaus zum Konfirmandenunterricht kamen. Sie sprachen einen völlig anderen Dialekt. Auch jetzt in der Kneipe habe ich Mühe, sie zu verstehen. Sie sagen Sunndich, und das bedeutet Sonntag. Die Leute in der Kneipe sehen mich an, so, als könnten sie es immer noch nicht fassen, daß nun Fremde so mir nichts dir nichts zu ihnen kommen dürften. Das letzte Mal war ich hier... ich war noch sehr klein und hatte steifgeflochtene Zöpfe.

Das Gespräch in der Kneipe scheint nach einem gewissen Ritual zu verlaufen. Einer bringt ein Thema auf, längeres Palaver, und der Einbeinige ist der Schlußredner. Widerwillig, aber doch anerkennend, hört man seine belehrenden Zusammenfassungen an. So wird über Ofentypen, über einfadiges und zweifadiges Spinnen, über die Wollpreise, die über Nacht von 50,– M das Kilo auf 2,– M gefallen sind, und über das Gewächshaus, das nicht mehr lohnt, verhandelt. Darüber, daß sich überhaupt nichts mehr lohnt. Und zwischendurch immer wieder der gekränkte Bericht über den Schwager aus dem Westen, der das Essen nicht gewürdigt hatte, das man ihm auftischte. Kein Stückchen Schokolade für die Kinder. Zahnarzt. Zugegeben, die Zähne tipptopp saniert. Aber nicht ein bißchen Naschen. Das ist doch nicht normal.

Viel Wald rundum. Am Schwarzen Teich blühen die Seerosen. Dies muß der Kreuzweg sein. Umrankt von Legenden. In der Osternacht, ohne sich umzusehen und ohne zu sprechen...

Die Mühle im Grund. Ich erinnere mich noch, wie das Korn hierhergebracht wurde. Und die Zwiesprache des Müllers mit seinem Liebengott, die mein Vater belauscht haben wollte. Als das Gewitter kam und der Müller beim Heuen war. Die Gabel gen Himmel gerichtet: Hund. Ich ärstach däich! Ein sehr menschliches Verhältnis demnach. Hier in der Einsamkeit, mitten im Wald, war wohl ein Ansprechpartner nötig. Und wenn einen der Liebegott im Stich läßt, ist er einfach nur nicht da. Menschen müssen einen dagegen schon zu ihrer eigenen Rechtfertigung auch noch kränken.

Der Müller ist schon lange im Himmel. Die Mühle sieht verkommen aus. Das Dach muß dringend erneuert werden. Ich ertrage das Bellen des angeketteten Hundes, bis die Schwester des Müllers erscheint. Wieder einmal träume ich einen kurzen Traum von Heimat und Geborgenheit. Die alte Frau erzählt von der Wasseramsel unter der kleinen Brücke. Ich habe noch nie von einer Wasseramsel gehört. Aber wie auch immer, die Frau ist mir auf jeden Fall sympathisch. Wenn es stimmt, weil sie den Blick für so etwas hat, und wenn es nicht stimmt, vielleicht ein bißchen mehr, weil sie etwas sieht, was es nicht gibt.

Alles Vieh hat man uns rausgeholt, sagt die Alte. Sie meint offenbar die LPG-Gründung. Sie hat es nicht verwunden. Wie kann das auch jemand verwinden, der bereit ist, sich für das trockene Heu mit Gott anzulegen.

Der ganze schöne Bestand, sagt die Frau. Alles abgeschlagen. Jetzt sehe ich es auch. Der Hochwald hinter der Mühle ist verschwunden. Ich denke, daß dieser Ort sehr gewonnen hat. Es ist lichter, freundlicher geworden. Sage es aber nicht. Die Frau erzählt jetzt von ihrer Westverwandtschaft. Alle wollen sie jetzt kommen. Sie scheint zahlreich zu sein. Ich gebe wieder einmal den Traum von Heimat auf.

Am Ortsrand treffe ich B. Jetzt braucht man wenigstens nicht mehr darüber nachzudenken, ob man Meldung machen muß, wenn Fremde nach dem Weg fragen. Sagt es ganz ungeniert und weidet sich an meiner Verlegenheit. Konnte ja immer eine Provokation sein, nicht! Und dann mußtest du in vier Stunden raus, ganz egal, ob du gerade beim Kohlenreintragen oder beim Gartenumgraben warst.

Nun bin ich erst recht verlegen. Was hat man nur alles verdrängt. Ich wußte doch davon. Hatte zumindest davon gehört. Von den drei Aussiedlungsaktionen aus dem Grenzgebiet.

Am Nachmittag gehe ich mit I. über die Brücke. Diese

Brücke wurde irgendwann nach dem Krieg gebaut. Die alte ist kurz vor Kriegsende gesprengt worden. Lange Zeit war es für uns Kinder ein Sport, verkrümmte, scharfkantige Eisensplitter von der zerfetzten alten Brücke zu finden. Weit waren sie geflogen.

Jetzt ist der weiße Schaum, der am Morgen die Wasseroberfläche bedeckte, verschwunden. Der soll gut sein für das Wasser, sagt I. Aber I. hat auch schon früher gesagt, daß die Gülle, die die LPG in den Fluß ließ, die Säure von der »planmäßigen« Havarie der Papierfabrik neutralisieren würde.

Immer noch steigen Blasen vom Grund, die an der Wasseroberfläche platzen. Wieder bin ich versucht, zum Himmel zu sehen, ob es regnet. Auf der Weide auf der anderen Seite sind vor einigen Jahren Kühe an konzentrierter Melasse, die sich auf dem Grund des Wasserwagens angesammelt hatte, gestorben. Ihr jämmerliches Brüllen war weit und lange zu hören. Aber alle waren ausgeflogen. Ich erinnere mich, wie ich vergeblich versuchte, jemanden von der LPG zu erreichen.

Die Melasse bekam man durch Beziehungen. Anders war das Milchsoll nicht zu erfüllen. Heute wird man die Milch nicht mehr los.

Das einzige empirisch nachweisbare ökonomische Gesetz dieser sozialistischen Kommandowirtschaft war das Gesetz von der Wirtschaftskriminalität. Ohne Wirtschaftskriminalität lief nichts. Nur durch Übertretungen, die durchaus nicht immer der persönlichen Bereicherung dienten, war das System am Funktionieren zu halten. Übertretungen, durch die Rudimente der Marktwirtschaft produktiv werden konnten.

Mitten im Wald eine erst kürzlich entdeckte warme Quelle. Ich halte die Hände ins Wasser. Es hat etwa 38° C, ist klar und geruchlos. Ich schaue mich um. Es ist idyllisch. Jagdrevier der Bezirksleitung, sagt I. Ich erinnere mich, daß wir an zwei nicht mehr verschlossenen Schlagbäumen vorbeigekommen sind. Wie wird das hier wohl in einigen Jahren aussehen.

Plötzlich entdecke ich weiter unten, auf einer moorigen Wiese, einen Jeep. I. blickt schon eine ganze Weile in diese Richtung und scheint einen bestimmten Verdacht zu haben. Wilderer? frage ich. Er schüttelt den Kopf und murmelt: Akten. Vielleicht. Doch wir haben beide keine Lust, der Sache nachzugehen.

Als wir über den Fluß zurückkehren, liegt das Haus vor uns auf halber Höhe. Mein Bruder hat es verkauft. Ich empfinde eine große Erleichterung. Dieses Haus hat böse gemacht. Gleichgültig, ob man darin wohnen blieb oder wegzog. Dem Anspruch eines solchen Hauses, mit soviel Geschichte und Geistern, war niemand gewachsen.

Als wir an das Haus kommen, steht da ein etwa zehnjähriges Mädchen, mit steifgeflochtenen Zöpfen. Es nähert sich uns und hält ein Heft in der Hand. Es ist unmöglich, einfach so vorbeizugehen. Ich setze mich mit dem Mädchen auf eine Bank und blättere in dem Heft. Es enthält die Geschichten und Gedichte dieser Zehnjährigen. Für einen Moment glaube ich, mir selbst begegnet zu sein. Und dann auch wieder nicht. Vertraut und zugleich fremd. Immer wieder beginnt etwas Neues.

*Juni 1990*

## »Einig Europa« oder die Idee von der »deutschen Tüchtigkeit«

Wir trauen uns nicht über den Weg – uns selbst, uns Deutschen. Jedenfalls wir aus dem realen Sozialismus. Zu neu ist uns noch die Welt. Europa? Wir müssen auf der Landkarte nachsehen, was wir bis dahin sorgsam vermieden haben, weil wir es nicht ertragen hätten. Wir schlagen die Augen nieder, wenn wir von Deutschland sprechen, damit diese nichts verraten. Nichts von unserer Lust, groß zu sein. Nichts von unserer Angst vor uns selbst. Meinen wir wirklich Europa, wenn wir Europa sagen? Ist das Gerede der Deutschen von Europa Tarnung? Meint es wirklich das Ganze? Oder was sonst, und aus welchen Gründen?

Waren wir nicht Verstärker des Hochmuts im West-Ost-Gefälle? Kleines Eingangssignal im Westen, großes Ausgangssignal im Osten. Aber wer ist nun eigentlich »wir«?

Was uns eint, ist die Idee von unserer »Tüchtigkeit«. Daran glauben die Deutschen wie auch die Nichtdeutschen. Die wirkliche Tüchtigkeit der Deutschen, an der niemand zweifelt, hat ihren Ursprung eben in dieser Idee.

Der Ruf »Deutschland, einig Vaterland« war nicht nur ein Ruf nach Geld. Es war ein Notruf. Eine Absage an die Mißwirtschaft. Eine Absage an die Demütigung, Mensch zweiter Klasse zu sein. Es war die zum Schrei gewordene Idee von der »gemeinsamen deutschen Tüchtigkeit«. Dagegen ist die Idee von Europa für uns etwas wie ein ferner Nebel ohne Leuchtkraft.

Der Versuch, die kommunistische Idee durch Machtstrukturen zu verwirklichen, hat katastrophale ökonomische und massenpsychologische Spuren hinterlassen. Die volkswirtschaftliche Hinterlassenschaft der durch den Primat der Politik über die Ökonomie künstlich am Leben erhaltenen Mangelwirtschaften, in denen in der letzten Phase durch rücksichtslosen Ausverkauf eine Funktionsfähigkeit nur noch recht und schlecht vorgetäuscht wurde, in denen es keinerlei inneren Entwicklungszwang gab, zum Beispiel auch nicht den Zwang zur Ablösung alter Technik, ist katastrophal. Der Mangel ist am Ende total. Der gleichzeitige politisch-moralische Niedergang macht jeden Absatz eines Versuches zu akkumulieren, was unbedingte Voraussetzung für den ökonomischen Umbau wäre, zu einem politischen Risiko. Diese Länder sind absolut abhängig vom Zufluß ausländischen Kapitals.

Die psychosozialen Folgen resultieren vor allem aus der Demütigung. Aus der Demütigung, sich mehr als vierzig Jahre auf einem Irrweg der Geschichte befunden zu haben, aus der Demütigung und der Verletzung von Menschenwürde durch Rechtlosigkeit und Mitschuld, durch uneffektiven Einsatz der Arbeitskraft, durch feudale Herrschaftsstrukturen. Aber nun kommen neue Demütigungen hinzu. Die Konfrontation mit der eigenen Schwäche. Das Diktat durch die Kapitalgeber, die diese Länder zunächst als Markt mißbrauchen, dadurch der Volkswirtschaft den Gnadenstoß geben und erst dann investieren, wenn sie nicht mehr durch veraltete Technik und Strukturen behindert werden. Dies wird gepaart mit einem Angriff auf die kulturelle Identität, schon um die Massen von ihrer Erfahrung mit Widerstand und Revolution abzuschneiden und das »sozialismusverdorbene« Arbeitskräftepotential ins rechte Lot zu rücken.

Wir sind gedemütigt. Hinzu kommt noch der Verlust einer Utopie, die uns zwar zugrunde gerichtet hat, an der aber doch viele von uns mit einer Art Religiosität festgehalten haben. Zwar begreifen wir, daß wir so schrecklich bankrott sind, daß uns nichts anderes übrigbleibt, als unsere Revolution zu verkaufen. Wir begreifen auch, daß wir froh sein müssen, daß die Sache in der Familie bleibt, und versuchen möglichst schnell, unseren »Brüdern und Schwestern« zu gleichen und die peinlichen Jahre, in denen wir »unsere Menschen« waren, mit ihrer Dummheit und Mittelmäßigkeit zu vergessen. Aber es wird schwer sein, die Demütigung bei sich enden zu lassen.

Der ökonomische Umbau von einer Mangelwirtschaft in eine Marktwirtschaft hat kein Vorbild. Es ist eine ökonomische Wildwestzeit. Wir erleben eine soziale Auffächerung von für uns bisher unbekanntem Ausmaß. Wir waren alle ein bißchen gleicher, wenn auch die Gleichheit in einer gemeinsamen Rechtlosigkeit bestand. Der Sozialismus mit seiner vorgetäuschten Gemütlichkeit hat uns hospitalisiert. Wir sind alle aufgeregt und verängstigt. Und zugleich voller Freude. Wir leben in einem Wechselbad der Gefühle. Aber daß wir zu dem Drittel der »Versager« gehören könnten, glauben wir nicht. Wir glauben im Prinzip an unsere Tüchtigkeit. Und daß es nun auf diese Tüchtigkeit ankommt. Wir sind schon wieder zu neuer Gläubigkeit bereit und würden sogar das Märchen vom Tellerwäscher schlucken. Der Abbau von Illusionen wird schmerzhaft sein, und es werden Sündenböcke gebraucht werden. Ach, wir haben ja sogar Schuldige. Und für Differenzierungen wird keine Zeit sein. Der Mißbrauch des Antifaschismus wird, wenn wir uns keine Zeit nehmen, diese vierzig Jahre unserer Geschichte gemeinsam aufzuarbeiten, in einen Mißbrauch des Antikommunismus übergehen. Weil man neue Schmerzen nicht mehr erträgt, wird man jeden Fleck auf dem neuen Glanz mit dem Dreck der Vergangenheit erklären.

Und wenn dann erst das Wirtschaftswunder kommt! Im Prinzip sind wir für ein Wirtschaftswunder gut. Man wird bei uns investieren, wenn unsere alten Betriebe erst einmal pleite sind, man sich nicht mehr mit der veralteten Technik herumärgern muß. Ausbildung, Infrastruktur, Standort, Kommandosprache, alles spricht dafür, wenn es dann um den Markt im Osten geht. Dann endlich werden wir wieder voll partizipieren an der deutschen Tüchtigkeit.

Doch vierzig Jahre Geschichte kann man nicht so einfach abschütteln. Unser verletztes Selbstwertgefühl wird sich nicht so ohne weiteres auf das normale Niveau eines guten Selbstbewußtseins einpegeln. Wir ahnen es und fürchten es. Deshalb schlagen wir die Augen nieder, damit man das Glimmen nicht sieht. Einige von uns schlagen die Augen nieder – und reden schnell von Europa.

Doch wir wissen kaum etwas von Europa. Wie sollten wir auch. Sogar die »Freunde« aus den vierzig Jahren waren in der letzten Zeit kaum noch erreichbar. Wir müssen Europa erst entdecken. Wir sind weltsüchtig und werden nach anfänglicher Unsicherheit furchtbare Touristen sein. Uns selbst nicht sehr sympathisch.

Wir sind nicht reif für die Idee von Europa. Zur Zeit wäre es nichts als eine verordnete Utopie, doch damit haben wir bereits unsere Erfahrungen. Wir müssen uns erst einrichten, und dazu brauchen wir überschaubare Räume. Am einfachsten ist es jetzt für uns mit Thüringen, Mecklenburg und den anderen Ländern. Ehe wir von dem einigen Europa sprechen, müssen wir eine kulturelle Vielfalt kennen und achten lernen. Jugend in Europa. Das wäre eines großen Programms wert.

Die globalen Risiken werden sehr schnell zu einer gemeinsamen Bedrohung werden. Einende Interessen wird es genug geben. Wir, die wir an Schöngefärbtes gewöhnt sind, die wir in der giftigsten Luft tief durchgeatmet haben, wir, die wir nun wie die Kinder in der Vorweihnachtszeit die Versprechungen der Werbung, die zum erstenmal auch uns gilt, aufsaugen, wir haben noch keine Übung, mit der Manipulation umzugehen und unsere wahre Interessenlage zu erkennen.

Die Zeit der relativen Stabilität in Europa ist vorbei. Sie beruhte auf der Stabilität der westlichen Gemeinschaft, die in einem langsamen Prozeß des Interessenausgleichs und der Annäherung gewachsen ist. Und sie beruhte auf den Machtstrukturen im Osten, die jeden Versuch einer Neuordnung vergeblich erscheinen ließen. Ein ungeheures ökonomisches Gefälle, Wiedergeburt von Rassismus und Nationalismus, eine große Verletzlichkeit bei gleichzeitigem Angewiesensein, das alles macht die Idee von Europa schwierig, aber auch zugleich notwendig. Sie kann nicht verordnet werden. Sie muß langsam wachsen, indem auch zwischen Ost und West demokratische Strukturen geschaffen werden, in denen Widersprüche ausgetragen werden können. Sie kann auf diesem Wege auch für uns zur regulativen Idee werden.

*Juni 1990*

# Deutschland, wo der Pfeffer wächst

Ob wir es wahrhaben wollen oder nicht, niemand ist völlig gegen Paradoxien des Gefühls gefeit, die vielleicht nichts weiter sind als Rudimente frühkindlichen Trotzverhaltens. Also, mich hat dieser Ruf nach dem einig Vaterland überrollt. Er lag ja irgendwo in der Luft. Ist, nachträglich gesehen, sogar der einzige Weg. Auch wenn die Streckenführung – oder wie nennt man das – sehr zu wünschen übrigläßt. Na kurz, dazu wäre noch manches zu sagen. Und wird auch sicher noch gesagt werden. Aber ich bin nicht selber darauf gekommen. Und das mag ich schon von klein auf nicht, in irgend etwas einvernommen zu werden, was nicht meine Idee war. Oder wo es nicht wenigstens Widerspruch zu überwinden gab.

Meine echte Freude auf Deutschland begann, als jemand uns »Realsozialisten« dahin wünschte, wo der Pfeffer wächst. Oder sollten wir gleich dableiben? Ich weiß es nicht mehr genau. Mein Stoß an Zeitungen wird von Tag zu Tag höher. Unmöglich, da noch etwas zu finden. Nun habe ich zwar in der DDR noch nie Pfeffer wachsen sehen, aber ich habe so manches nicht gesehen, bin also kein verläßlicher Zeuge.

Vielleicht war das mit dem Pfeffer der ehrlichste Satz der intellektuellen Fremdnabelschau der letzten Wochen. Nein, ich will niemanden beleidigen, dazu bin ich viel zu schüchtern. Es gab sehr viele schöne ehrliche Sätze. Und eigentlich gibt es ja auch die Steigerung »ehrlicher, am ehrlichsten« gar nicht. Jedenfalls nicht formal logisch. Aber ich meine es ja auch gar nicht logisch.

Da kann sich nun einer wünschen was er will, die Fahrt

hat begonnen. Wir sitzen im Boot. Das ist ein Schnellboot und rast mit einem Wahnsinnstempo dahin. Und ehe wir uns noch so richtig gefaßt haben werden, sitzen alle in einem Boot. Die mit der preußisch-protestantischen Sozialismusverklemmtheit. Die Sorgenkinder und die Hätschelkinder der Macht. Die marktwirtschaftlich Effektiven, die längst ihre Konkurrenzreviere markieren. Diejenigen, die Macht gegen Markt vertauschten und nun so tun, als sei Markt nicht Macht. Weil sie, auch frühkindlich, recht behalten müssen. Die also das eine gegen das andere tauschten und diejenigen, die beides nicht mochten. Und was sonst noch so denkbar ist. Die sitzen nun plötzlich alle beisammen und sollen vor der Welt ein Volk sein. Das wird ganz schön komisch werden.

Das Komischste ist aber, daß es zugleich ein Abschied wird. Wie das Westgeld, nun, da wir es haben, kein Westgeld mehr ist, fallen jetzt alle ein bißchen aus der Rolle, weil sich jeder durch den anderen auch irgendwie definiert hat. Man fühlt sich im Stich gelassen und verraten und haut sich schnell noch ein bißchen. Aber das könnte zum Bumerang werden. Steckt diese Erkenntnis hinter dem frommen Wunsch, wir sollten bleiben, wo der Pfeffer wächst? Vorläufig ist uns aus dem Realsozialismus erst mal der Pfeffer ausgegangen. Kein Wunder. Bei einer jahrzehntelangen Mangelsteuerung. Trotzdem dürften sich in den vierzig Jahren die Schäden noch nicht genetisch manifestiert haben. Und letztendlich sind wir aus dem gleichen Stall.

Meine Freude ist auch ein bißchen Schadenfreude. Wenn wir nun ein Volk werden, ist es vorbei mit der Methode: Die Guten ins Kröpfchen, die Schlechten ins Töpfchen – der anderen, versteht sich. Wir werden uns eine gemeinsame Geschichte zulegen müssen. Zum Beispiel die »Tausend Jahre«, die gehören uns gemeinsam. Und wir haben unser Geständnis schon hinter uns. Wir haben verordnet und mißbraucht. Aber die anderen? Haben sie nicht ein bißchen verdrängt und sich losgekauft? Das darf man nun fragen.

Überhaupt darf ich jetzt Fragen stellen, von denen mich immer meine Erziehung abhielt. Heimat, das habe ich im Herbst begriffen, ist der Ort, wo man sich einmischen darf. Nun darf ich mich plötzlich in ganz Deutschland einmischen. Warum bin ich nur nicht früher darauf gekommen? Wie begriffsstutzig ich doch war. Da brauchte es erst eines Satzes vom Pfeffer, ehe ich darauf kam. Und nun freue ich mich.

Wenn man uns fragt, warum man geblieben ist und sich korrumpiert hat, darf man in Zukunft zurückfragen, warum man gegangen ist. Warum ist man gegangen und hat nicht vor Ort den Kampf gefochten? Denen ins Stammbuch, die uns Václav Havel vorhalten. Und man wird fragen dürfen, warum dieses Privileg genutzt wurde, das Privileg zu gehen, wo doch alle anderen nicht gehen durften. Die jedenfalls darf man fragen, die uns unsere Privilegiertheit vorhalten. Außerdem wird man fragen dürfen, warum man erst jetzt alles so gut weiß. An mangelnder Informiertheit kann es nicht gelegen haben. Nie habe ich früher über mein Land mehr erfahren als aus der »freien Presse«, die ich, auf Grund meiner Privilegiertheit, hin und wieder lesen konnte.

Diese vierzig Jahre gehören uns, so gesehen, nämlich auch gemeinsam. Und wir kosten nicht nur, wir waren auch und sind noch ein ganz zweckmäßiges Billiglohnland. Und auch ein Markt. Das Geld ist ein Trojanisches Pferd. Wenigstens im ersten Teil des ökonomischen Theaters. Wir tragen bei zur Hochkonjunktur, oder? Ob wir wollen oder nicht. Und daß eine Menge Leute schon lange nicht mehr wollten, aber einige das Sagen hatten. Vielleicht sollten diejenigen, die falsch gesagt haben, und diejenigen, die das Geschäft machen... Ach!

Also, ich würde vorschlagen, wir bauen gemeinsam in ganz Deutschland Pfeffer an, anstatt ihn uns gegenseitig in die Augen zu streuen. Denn eigentlich sind wir doch nicht der Mittelpunkt der Welt, sondern unsere Aufgabe ist es, mit dafür zu sorgen, daß sich der Mittelpunkt der Welt nicht aus der Verankerung löst.

*Juli 1990*

# Es lebe der Kapitalismus!

Solch eine Losung wäre eine glatte Beleidigung für den Kapitalismus. Das hat er nämlich nicht nötig. Er ist so vital und effektiv, daß man ihn nur bewundern kann. Wer sich jetzt wundert, hätte in der Vergangenheit besser aufpassen sollen. Nicht alles, was unsere Politikwissenschaftler erzählt haben, als sie noch Gesellschaftswissenschaftler waren, stellt sich nachträglich als Schwachsinn heraus.

Aber wir sind vielleicht ein bißchen überanstrengt – vom vielen Zwischen-den-Zeilen-Lesen. Jetzt wollen wir gerne erst mal glauben. Und was erfahren wir da nicht alles. Nichts bleibt. Die wir geliebt haben und die uns Lebenshilfe gaben, in der Vergangenheit, entpuppen sich nun auch als korrupt und kleinkariert. Die haben also ihr Schäflein ins Trockene gebracht, während wir so schrecklich leiden mußten, und wie gefährlich wir eigentlich lebten, das wußten wir überhaupt nicht. Noch nachträglich möchten wir prophylaktisch zuschlagen. Wie haben wir das alles bloß ausgehalten? Das ist nun die Frage. Nicht: Wie halten wir das alles aus? Das bitte nicht. Das kommt viel später. Vielleicht nach vierzig oder tausend Jahren.

Also, ich will wirklich nicht meckern. Wir sind bankrott. Nicht einmal ehrenhaft bankrott. Da hält man besser den Mund. Nur kann ich eben meinen Verstand nicht abstellen. Und der versucht, sich, wie eh und je, die Vorgänge zu erklären, und das führt mich dazu, von der Effektivität des Kapitalismus begeistert zu sein. Darf man eigentlich das Wort »Kapitalismus« noch gebrauchen? Jetzt, wo man anders denken darf, aber nicht mehr anders als anders? Überhaupt muß ich auf meine alten Tage nun noch einmal eine neue Sprache lernen. Und das ist gut so. Denn die alte war, weiß Gott, nicht hübsch. Die neue Sprache ist feiner, wie alles jetzt ein bißchen feiner wird. Wie schön das doch klingt: Liberalisierung der Preise. Darauf wären wir früher nie gekommen!

Alles, was geschieht, ist von größter Logik und Rationalität, so daß Vorhersagen nicht schwerfallen. Endlich kann man sich auf etwas verlassen. Nach den erstaunlichen Überraschungen, die wir im demokratischen Zentralismus erlebten, eine Wohltat.

Wir haben das Geld bekommen. Geld ist noch kein Kapital. Dazu muß es erst gemacht werden. Das ist aber nur im Bunde mit dem Handel möglich. Nach dem hat das Kapital aber sofort die Hand ausgestreckt. Welche Macht der Handel ist, merken jetzt unsere Industrie und Landwirtschaft. Das Geld geht nur mal so bei uns durch und versetzt der bodenständigen Wirtschaft den Gnadenstoß. So gesehen, ist es ein Trojanisches Pferd. Kapitalismus ohne Kapital geht nämlich nicht. Das Geld wird erst über den Markt zum Kapital. Als solches fließt es aber dahin zurück, wo es hergekommen ist. Weil von dort die neuen Waren kommen. Dort ist Hochkonjunktur.

Wir müssen noch ein bißchen auf den Kapitalismus warten. Es wäre dumm von dem Kapital, zu schnell zu uns zu kommen. Und Kapital ist nie dumm. Es ist viel günstiger, erst zu investieren, wenn die alten Betriebe wirklich pleite sind. Was soll man auch mit unserer jämmerlich veralteten Technik anfangen? Das lohnt nicht. Außerdem werden die Leute dann um so dankbarer sein und so richtig begreifen, was ein Arbeitsplatz wert ist. Also warten wir ein Weilchen, der Kapitalismus kommt bestimmt.

Markt ist Macht. Und zwar keine verunsicherte, neurotische wie die, mit der wir es bisher zu tun gehabt haben.

Natürlich wird die Zwischenzeit, das heißt die Zeit, wo wir nicht mehr unter dem Realsozialismus darben, aber die Segnungen des Realkapitalismus noch auf sich warten lassen, ein bißchen komisch werden. Und die Leute werden vielleicht gar ungeduldig, weil sie eben früher nicht so gut aufgepaßt haben und das Körnchen Wahrheit in dem Wust von Dogma, Halbwahrheit und Lüge verlorenging. Ungeduldige Leute aber fürchtet die Marktmacht genauso wie die Machtmacht. Nur daß sie nicht erst geheime Stimmungsberichte braucht. Ist doch klar, wer früher aufmüpfig war, zum Beispiel im Herbst, der ist für neue Aufmüpfigkeit gut. Deshalb ist es dringend notwendig, den Leuten zu erklären, was das für verkommene Subjekte sind. Haben die vielleicht irgendwoher ihr Geld bekommen, schreiben Leute, die dafür ihr Geld bekommen. Sie schreiben es für Leser, die nun gerade Geld hergeben sollen, und für solche, denen nun erst mal das Geld ausgeht. Ach, das funktioniert hervorragend. Man sieht endlich durch. Und haut den Lukas. Und der Lukas, der vielleicht ganz insgeheim ein bißchen Dank des Vaterlands erwartet hatte, steht verdattert da und versteht die Welt nicht mehr. Weil er eben auch nicht so gut aufgepaßt hat. Sonst könnte er sich jetzt mit mir an der schönen Vitalität des Kapitalismus freuen, die solche dummen Losungen, die mit »Es lebe« beginnen, überflüssig macht. Und er wüßte auch, daß diese Prügel vorübergehen werden. Es gibt ja noch mehr Länder, die aus Geld Kapital machen müssen. Da werden wir dann schon mit von der Partie sein. Und dann sind wir wieder alle wer.

*Juli 1990*

# So etwas war noch nie unter einem Hut

Als am 16. September eine große Mehrheit die roten Karten hob und danach der Beifall einsetzte, hatte ich das Gefühl, einem historischen Moment beizuwohnen. Die Linke Liste/PDS hatte sich auf ein Wahlbündnis geeinigt.

Daß sich irgendeine Gruppierung auf irgend etwas einigt, ist nun an sich noch nichts Besonderes. Aber die Linken haben sich immer schwer damit getan. Linke Intellektuelle sind strengere Verfechter der reinen Lehre, ihrer Lehre, als die althergebrachten, in manchem historischen Auf und Ab erfahrenen Religionen. Sie sind Weltbeglücker und Weltretter. Zum Glück gibt's ja auch immer die Apokalypse!

Das Lachen vergeht einem. Es gibt sie leider wirklich. Und sie steht fast ins Haus. Und es gibt den Hunger. Und das ganze soziale Gerangel. Nun sogar bei uns. Niemand ist mehr da, der die Probleme unter den Teppich kehrt, wenn es nun bald keinen Realsozialismus mehr gibt. Der hatte doch wenigstens durch seine Vision einst als Korrektiv gedient. Wer meldet nun Protest an? Die Linke wäre dringender von Nöten denn je. Aber ist nicht bisher immer alles mißlungen? Ach, das ewige Elend der Linken.

Und nun *diese* Linke. Die PDS mit ihrer Altlast an Vergangenheit. Deren Vorgängerin noch vor einem Jahr alles andere als eine linke Partei war, sondern Transmissionsriemen für den Machtanspruch einer Führung in einem halbfeudalen System.

Die Westlinken, vom Kollaps des Kommandosystems in Mitleidenschaft gezogen, höchst verletzlich; die unabhängigen Ostlinken, von der SED irgendwann in Mitleidenschaft gezogen, ebenfalls höchst verletzlich – und das alles saß nun vereint im grellfarbenen Gestühl, und man hörte förmlich, wie es knisterte.

Dann dieser Moment, als die Karten gehoben wurden. Beifall, und es war geschafft.

Fairerweise muß man sagen, nicht ein abstraktes »Es« hatte irgend etwas geschafft, sondern der Bundestag in Bonn mit seinem Beschluß über die Fünfprozentklausel. Jeder der Anwesenden wußte, keine Einigung wäre das absolute Aus für die Linken in Deutschland. Das Aus für viele Jahre. Nun hatten sie sich auf ein Programm geeinigt. Und zwar auf ein Programm, in dem Dissens, also Meinungsverschiedenheit, nicht verschleiert, sondern ausgesprochen wurde. Eine Linke, die mit partiellen Meinungsunterschieden leben kann, ist etwas ganz Neues. So war dann auch noch viel von Abgrenzen die Rede. Abgrenzen besonders von der Sozialdemokratie. Die Schwierigkeit begann aber schon bei der Sprache. Den meisten Ostdeutschen war das Wort »abgrenzen« erst mal suspekt. Wozu abgrenzen, wenn die Sache gut war? Warum nicht Partner suchen? Eine Einfalt, die mißfälliges Stirnrunzeln bei den Wessis hervorrief. Sie hatten unterschiedliche Erfahrungen, die von hüben und die von drüben.

Die einen schworen erst mal auf Marktwirtschaft, weil sie deren Segnungen noch nicht erfahren hatten. Überhaupt waren sie auf Grund der objektiven Lage in einer, historisch gesehen, völlig verkehrten Situation. In der Noch-DDR, wo Wildost-Frühkapitalismus herrscht, nein, schlimmer, wo erst mal das Kapital ausbleibt und sie es, so ist nun einmal die Interessenlage, einfordern müssen, wollen sie auch nur einen Blumentopf gewinnen, wo sie also den Kapitalismus einklagen und gleichzeitig ihr Linkssein unter Beweis stellen müssen. Ein akrobatisches Kunststück, wozu es eines Gysis bedarf. Der auch immer wieder im heißesten Moment alles auf den rechten Weg brachte. Dabei nicht etwa von der Sonne einer geneigten Parteibasis gewärmt. Die hat den Herbst noch im Blut, ist äußerst mißtrauisch gegen jede Führung und gegen einen Apparat, der, wesentlich dahingeschrumpft, aber nicht unterzukriegen, im Hintergrund seine Fäden spinnt. Woran sich doch von denen vorn niemand mehr hängen läßt. So scheint es jedenfalls bei erstem genauerem Hinsehen. Und dieser »Parteichef« muß sich nirgends so in acht nehmen wie zu Hause vor der eigenen Basis, die keine »Gysipartei« sein will, sondern so richtig demokratisch, und die bereit ist, dafür die schönste Wahlstrategie zu zerhauen.

Damit waren natürlich die marktwirtschaftlich Erfahrenen etwas überfordert, obwohl sie eine ganze historische Etappe weiter sind. Und schon »wissen«, es hat eh alles keinen Zweck. Die Marktmacht ist vital und stabil, daß man sich bloß Beulen holt. Sie wiederum wollten den Kapitalismus überwinden. Es fehlte ihnen die Erfahrung vom Irrweg der Geschichte.

Die Ossis, noch vor kurzem an der Macht, das jedenfalls war ihnen immer eingeredet worden, hatten immer noch Schwierigkeiten, so einfach trutzige Opposition zu machen. Glaubten immer noch, Lösungen anbieten zu müssen, während die anderen schlichtweg »ohne uns« sagten.

Sagten dann auch noch ein bißchen zu oft »Sozialismus«, ohne zu wissen, wie er gehen soll, was die anderen, die ihn durchlitten hatten und die noch voller Scham waren, daß ihnen das passiert ist, schwer ertrugen. Man redete hinter vorgehaltener Hand von Nullplattform. Aber nicht laut. Die fünf Prozent!

Hin und wieder sprang jemand auf, der sagte, man müßte von den Interessen der Menschen ausgehen. Und ähnliches einfaches richtiges Zeug. Was verqueren West-Ost-Hochmut hervorrief. Über das Konkrete einigte man sich schnell. Nur bei der Kernkraft nicht. Da sprechen einige Ossis sogar noch von sicherer Energie. Einen Moment lang hatte ich die Befürchtung, man würde auch über das »sicher« abstimmen. Abgestimmt wurde überhaupt viel, trotzdem gab es immer wieder welche, die alles undemokratisch nannten. Aber letzten Endes hatten die Frauen, die an beiden Tagen die Veranstaltung leiteten, die Sache erstaunlich im Griff. Die Frauen bei den Linken sind vielleicht überhaupt das Erstaunlichste. Sie kämpfen immer noch gegen das Patriarchat und haben längst die Macht.

Jeder Mann nimmt sich in acht, nicht die Frauen auf den Hals zu bekommen. Vielleicht machen die Männer aus solcher Frustration Konzepte, die ins nächste Jahrtausend hineinreichen, nach denen sich die Welt aber leider nicht richten will. Die Frauen läßt das vollkommen kalt.

Um es kurz zu machen, so etwas war noch nie unter einem Hut, und das läßt hoffen.

*September 1990*

# Dem Alten keine Chance geben

Rhythmischer Beifall. Einen Moment lang kann man sich nicht entziehen. Aber gleich danach meldet sich ein inneres Warnsystem. Zu oft schon wurden auf solche Weise Gefühle mißbraucht. Nein, die Hoffnungsträger der Partei vom Herbst 1989 sind nicht mehr die von heute. Vielleicht waren sie es nie wirklich. Aber das zu sagen wäre ungerecht. Die Uhr läuft in solchen Zeiten schneller. Was gestern seine Berechtigung hatte, wird heute ein Hemmnis, ist morgen schon das Ewiggestrige. Nostalgie ist nicht angebracht. Angesichts der gegenwärtigen Situation im ehemaligen DDR-Territorium schon gar nicht.

Es tut zwar gut, wenn man gesagt bekommt, daß eigentlich alles auch recht nett war. Die meisten der Anwesenden lebten ja auch in einem ganz anderen Land als die meisten anderen im Land. Aber man braucht sich doch nur einmal vorzustellen, man säße auf einem Parteitag alten Stils. Allein die intellektuelle Demütigung wäre nicht zu ertragen.

Allzusehr ist der Mensch beleidigt worden. Und daß wir jetzt so wehrlos sind, ist die Folge ununterbrochener Demütigung, die wir erduldet und weitergegeben haben. Es ist unerträglich, nach allem, was sich ereignet hat, was enthüllt wurde, eine so flache Geschichtsanalyse zu hören und zu lesen. Vergessen sind die Zustände in den Haftanstalten, die politischen Prozesse, in denen die Menschen nicht einmal ein Urteil bekamen, der Menschenhandel, die Bespitzelung, die Entmündigung, die geistige Demütigung, die Bereicherung, die Rechtlosigkeit, die Privilegien, die Lage der Rentner, die verschiedenen Klassen medizinischer Betreuung, die ganze Arroganz der Macht. Die meisten von uns haben diese Politik bis fünf nach zwölf mitgetragen.

Die Vorgänge, die uns jetzt im ehemaligen DDR-Territorium empören, sprechen uns nicht von der eigenen Geschichte frei. Und dieser Umgang mit Geschichte macht unglaubwürdig und nicht bündnisfähig. Er macht politikunfähig. Denn Geschichte ernst nehmen hieße, sich nicht daran vorbeimogeln können, daß die Partei für viele Menschen eine Zumutung ist, was nur durch ausgezeichnete Politikangebote allmählich in Vergessenheit geraten kann. Konkrete Angebote, mit einem gewissen Realitätsgehalt, die bündnisfähig und abrechenbar sind. Statt dessen werden die neuen linken Worthülsen geschwenkt und Schwarze-Peter-Forderungen formuliert. Leicht geht das nun, wo man nicht mehr in der Pflicht steht. Aber es ist, bedenkt man die Mitverantwortung für die entstandene Situation, makaber.

Was ist das, das Alte? Eine moderne Partei ist Mittel zum Zweck. Mittel, um Interessen gewisser Gruppen durchzusetzen. Im alten Parteienverständnis war die Partei selbst der Zweck. Der Mensch wurde in seinem abstrakten Mittelpunkt über den Sorgen um die Macht vergessen. Im günstigsten Fall. Meistens wurde er zum verdächtigen Störfaktor. Mit allen Konsequenzen.

Nun hat die Partei zwar keine Macht mehr, aber sie hat immer noch das alte Denken. Positionen werden nicht aufgegeben, obwohl diejenigen, die sie innehaben, politisch-moralisch verschlissen sind. Es gibt so viele Probleme in diesem Land. Statt die Sorgen der Menschen ernsthaft zu bedenken und politische Programme aufzustellen, geht es um Posten und Strukturen. Die Partei zuerst. Der Mensch? Doch, einige besonders Getreue sind wohl ein bißchen versorgt worden. Wendebeutegeschäfte. Schwamm drüber. Das kommt in den besten Familien vor. Nur daß man nicht zu den besten Familien gehört. Den Leuten, die ohnehin gelähmt sind, nun mit DDR-Nostalgie zu kommen ist wirklich das Letzte. Wer wieder Politik auf Lügen aufbauen will, hat nichts begriffen. Gerade deshalb waren wir ja politisch-moralisch bankrott. Aber total.

Ich dachte, man kann den Versuch ruhig wagen. Viel schiefgehen kann gar nicht. Wenn doch, wird sich der Fall erledigt haben. Spätestens in vier Jahren. Aber ich habe nicht bedacht, daß vier Jahre eine relativ lange Zeit sind. Genug, um eine Menge junger Menschen zu verführen. Junge Leute, die mit den besten Absichten und mit Romantik in den Dunstkreis des Alten geraten. Denen empfohlen wird zu träumen, statt daß man ihnen die Politikansätze erklärt. Das Mindestalter für den Eintritt in die Partei auf sechzehn herabzusetzen. Wieder ein Punkt, wo alles in einem klingelt. Das Alter der Verführbarkeit. Das Alter für Sekten.

Dabei gäbe es schwerwiegende Gründe für eine erneuerte Partei. Jedes Ding braucht zwei Seiten. Und die Welt ist an Strukturen ärmer geworden. Der Osten hat den Westen als Korrektiv verloren und der Westen den Osten. Eine vielfältige starke Opposition wäre für die neue Gesellschaft dringend nötig. Aber wenn der Druck dazu führt, altes Denken wieder fruchtbar machen zu wollen, wird es gespenstisch. Das »Sollte« für ein »Ist« zu nehmen, solches Wunschdenken bringt immer wieder nur Scham ein.

Eine erneuerte Partei wäre dringend notwendig, jetzt, da die Welt nach Rauch und Öl stinkt. Jetzt, da die Erfahrung, daß ohne funktionierende Wirtschaft nichts geht, in die kurzschlüssige Folgerung, mit funktionierender Wirtschaft allein ginge schon alles, umgewandelt wird. Aber eben eine wirklich erneuerte, nicht eine, in der altes Denken neue Süppchen kocht. In der die Leute, es sind nur noch wenige, die es besser könnten, die Köpfe einziehen. Eine Partei mit solcher Vergangenheit, mit einem so riesigen Anspruch und mit sowenig konkretem realistischen Politikangebot ist, gemessen an den Herausforderungen der Zeit, ein Anachronismus, mehr noch eine Beleidigung.

Jeder Schritt zur Erneuerung hat der Partei von außen abgerungen werden müssen. Die politische Einschätzung des Finanzskandals steht ganz und gar aus. Auch ich bin nicht der Meinung, jetzt sei die Zeit, sich dauernd hinzustellen und Asche aufs Haupt zu streuen. Auch ich bin nicht bereit, mich aus meiner Mitverantwortung für die Zukunft ausgrenzen zu lassen. Mut kann man aber nicht gewinnen, indem man sich etwas zurechtlügt, sondern nur daraus, daß man begriffen hat. Und zu lernen hatten wir viel. Und einer, der etwas lernt, ist kein Wendehals. Allerdings muß das wohl in Taten sichtbar werden.

Die Partei wäre nach diesem Parteitag gut beraten, sich in einer linken demokratischen Bewegung aufzuheben, in der die alten Strukturen wirklich keine Chance mehr haben. Vielleicht könnte man dann auch einmal über Wertvorstellungen allgemein und nicht nur über Finanzen reden.

So etwas kann aber nur aus den eigenen Reihen geschehen und nicht durch Nachrichtendienste oder andere Staatsermächtigte. Geschähe das, wäre der Demokratie schwerer Schaden zugefügt. Dagegen muß man sich zur Wehr setzen. Es sollte im Zeichen einer Bewahrung der Ansätze linker Politik und ihrer Weiterentwicklung stehen. Nicht im Sinne von Zerschlagen, Abwickeln oder Feuern, sondern im Sinne eines echten Neubeginns.

*Januar 1991*

# Die Linken verschlafen den Weltuntergang

1. Strukturen, Posten und Gezänk

Der PDS-Parteitag offenbarte ein totales Defizit: mangelnde Ehrlichkeit gegenüber der eigenen Geschichte. Keine politische Programmatik. Keine Konsequenzen aus der apokalyptischen Herausforderung.

Der Parteitag zeigte die Partei als großspurig, zerstritten, um Strukturen und Posten feilschend. Mit Forderungskatalogen anstatt mit eigenem Politikangebot.

Zunächst ist man versucht, die Ursachen in subjektiven Faktoren zu suchen, aber allmählich verdichtet sich die Erkenntnis, daß dies ein Spiegelbild der Linken überhaupt ist. Und links will sie ja nun partout sein, diese Partei, die eben noch feudalistisch war. Wenn man alles abwägt, ist sie, falls sie auf diesem Niveau bleibt, bei ihrer Vergangenheit eine Zumutung für die Menschen.

2. Die Linken verschlafen den Weltuntergang

Die Linke ist eigentlich, so, wie sie sich heute darstellt, ziemlich überflüssig, und ich kann mir nicht vorstellen, warum sich irgend jemand von den Linken gestört fühlt, es sei denn, sie drehen plötzlich durch, weil sie ihre eigene Bedeutungslosigkeit nicht mehr ertragen.

Sie reden vom Träumen, und wenig über Ökonomie. Die gesellschaftlichen Prozesse laufen aber knallhart und ohne die Träume der Linken ab. Die großen Parteien bestimmen den politischen Rahmen, das Soziale wird zwischen Unternehmerverbänden und Gewerkschaften ausgehandelt. Am Grünen sind inzwischen alle interessiert, aber so ein Stachel im Fleisch, *die* Grünen also, hat durchaus seine Funktion. Die Träume der Linken haben sich erst einmal erledigt, mögen sie noch so schöne Floskeln kreieren wie etwa: »Wenn alle Menschen...« Oder: »Kampf dem Patriarchat...« Oder: »Sozialismus im neuen Gewand.« »Selbstorganisation.« »Links tut gut!«

Wohl bekomm's, kann man da nur sagen. Inzwischen gerät nämlich die Welt ein bißchen aus den Fugen. Und die Linken sind dabei, den Weltuntergang zu verschlafen.

Der Krieg am Golf, kam er wirklich so überraschend, wie wir jetzt tun? Irgendwo mußte es doch losgehen. Und das ist nur der Anfang. Und wir wissen es längst.

3. Die Grenzen der Welt

Denn alles wird nun anders. Ein ganz neues Szenarium beginnt. Bisher konnte man von einer quasi unbeschränkten Welt ausgehen. Plötzlich sind überall Grenzen. Was bisher einfach und geradezu verlief, stößt nun an Schranken oder verbiegt sich vorher. Die Grenzen des Wachstums sind erreicht.

Die Ressourcen werden knapp. Die Umweltbelastung hat ein zerstörerisches Ausmaß erreicht. Der Weltmarkt ist durch seine disproportionale Entwicklung dabei, sich selbst zu vernichten. Die Erdbevölkerung wächst explosiv an. Die Mittel der Technik können durch Kriege oder durch fahrlässigen Umgang mit ihnen Katastrophen heraufbeschwören, die weit über das Lokale hinausgehen und die für die Menschheit nicht wiedergutzumachende Folgen haben können. Wissenschaft und Technik sind zum Mythos geworden. Allmachtswahn und Zukunftsangst, dieses Geschwisterpaar glotzt aus allen Winkeln.

Wachstum um des Wachstums willen ist nicht länger möglich. Das Kapital, das schneller begreift als die Linke, sucht sich rasch noch günstige Ausgangsbedingungen zu verschaffen. Deshalb also sterben Menschen am Golf. Nur daß dies für die Menschheit insgesamt eine Fehlrechnung ist. Ihre Ausgangsbedingungen verschlechtern sich durch das, was da geschieht, beträchtlich.

Es ist keine Zeit mehr für hohle Phrasen, Worthülsen, Scheingefechte. Nicht einmal für Träume. Es ist auch nicht damit getan, den Dingen ihren Lauf zu lassen und, wenn das Kind im Brunnen liegt, zu demonstrieren. Es könnte nämlich schon ertrunken sein.

Da die Welt so eng wird, muß ihre Ordnung neu gestaltet werden. Internationale Gremien und Vertragssysteme müssen neu geschaffen oder in ihrer Bedeutung erhöht werden. Aber auch der Widerstand gegen Fehlentwicklungen muß weltweit organisiert werden.

Die Natur hat es uns vorgemacht. Ihre wunderbare Stabilität verdankt sie ihren eigenen, geschlossenen Kreisläufen, den Zyklen ihres Stoffwechsels. Durch den Eingriff des Menschen ist all dies gestört. Eine Rückkehr oder, besser, ein Voran ist nur möglich, wenn wir die Idee der geschlossenen Stoffwechselkreisläufe der Natur aufgreifen und darauf achten, daß der Mensch mit all seinem Tun einbegriffen ist.

4. Krieg darf kein Mittel der Wahl mehr sein

Politisch muß die Einsicht durchgesetzt werden, daß Krieg angesichts des heute angehäuften Zerstörungspotentials prinzipiell kein Mittel mehr zur Wahrnehmung von Interessen ist. Die wirtschaftlichen und politischen Verflechtungen der Länder der Welt sind inzwischen so weit fortgeschritten, daß immer auch andere Mittel der Auseinandersetzung möglich sind. Umweltkriege sollten als besonders schwere Kriegsverbrechen gebranntmarkt werden.

Es ist also eine internationale Friedensbewegung ganz anderen Ausmaßes und von großer Breite nötig. Den Menschen muß begreiflich werden, daß es keine lokalen Konflikte mehr gibt. Jeder Krieg bringt die Welt ein Stück näher an den Abgrund. In diesem Sinne sollte die internationale Öffentlichkeit mobilisiert werden. Es sollte eine weltweite Bewegung für den Verzicht auf kriegerische Auseinandersetzung und absolute ökonomische Blockade durch alle übrigen Staaten als Sanktion im Falle der Nichtbefolgung angestrebt werden. Generalstreik und Wehrdienstverweigerung, alle Möglichkeiten müssen eingesetzt werden. Wissenschaft und Technik müssen generell für den Menschen durchschaubarer werden. Zukunftsforschung, insbesondere die Simulation verschiedener Zukunftsszenarien, sollte sofort größtes Gewicht erlangen.

5. Steuerung der Wachstumsrichtung durch Vorgaben

Ökonomisch muß die Wachstumslogik des Kapitals durch Steuerung von außen in die richtige Richtung gelenkt werden. Bei der sozialistischen Planwirtschaft war die Steuerung auf der untersten Ebene angesetzt, das heißt, es wurde in alles dirigistisch eingegriffen. Das hatte Ineffizienz und mangelnden Innovationszwang zur Folge. Es gilt, die positiven Seiten der Marktwirtschaft mit den neuen Bedingungen in Einklang zu bringen. Also Steuerung durch Vorgaben, nicht durch Eingriff. Es müssen Szenarien zur Dämpfung der disproportionalen Entwicklung der Weltwirtschaft entwickelt werden. Durch internationale Fonds müssen in den am meisten zurückgebliebenen Ländern Investitionsanreize geschaffen werden. Das gilt auch für Europa. Andernfalls war das Gerede vom Haus Europa nur Nebel. Und natürlich auch im Einigvaterland. Aber die am meisten Not leidenden Gebiete der Welt müssen besonders einbezogen werden. Bewußt muß auf eine gewisse Glättung der Entwicklungsunterschiede hingearbeitet werden. Selbst wenn man dafür eine Dämpfung von Konjunkturen in Kauf nehmen muß.

Jede Umweltbelastung muß im nationalen Rahmen, aber auch international kostenpflichtig gemacht werden. Die eingenommenen Gelder sollten als günstige Kredite für umweltfreundliche Projekte zur Verfügung gestellt werden. Insbesondere sollte versucht werden, den militärisch-industriellen Komplex allmählich für diesen Bereich zu interessieren. Die Kredite sollten vorzugsweise für besonders innovationsträchtige Vorhaben verwendet werden. Weil Innovation das einzige langfristige Mittel zur Akkumulation ist. Bleibt sie aus, sind solche schönen Scherze wie Zweidrittelgesellschaft, Hochzins oder Staatsverschuldung Milchmädchenrechnungen.

Sind das noch linke Forderungen? Es sind Überlebensforderungen. Und das alleine zählt.

*Februar 1991*

# Über die allergene Wirkung der Utopien

An der Belehrung, die von der Geschichte ausgeht, kann man sich nicht vorbeimogeln. Diese Zeit mit ihren Umbrüchen, Zusammenbrüchen, Aufbrüchen bringt eine gewaltige geistige Herausforderung mit sich. Durch die großen Irrtümer der Vergangenheit, durch die verheerenden Folgen gesellschaftlicher Experimente verunsichert und gewarnt, möchte sich manch einer wohl zunächst einmal als Subjekt aus der Geschichte zurückziehen und, in schamvoller Bescheidenheit oder in Hoffnung auf die selbstregulierende Kraft des historischen Prozesses, den Dingen ihren Lauf lassen. Alte Sprachregulierungen sind zerfallen. Für eine neue Verständigung wäre ein neues Verständnis nötig. Diejenigen, die den Irrweg der Geschichte hinter sich haben, die den Rückzug aus einem falschen Gesellschaftskonzept hinnehmen oder ihn gar vollziehen müssen, sind müde und gedemütigt und haben kaum Pardon zu erwarten. Die Sieger der Geschichte wollen ihre Überlegenheit ein wenig auskosten und beobachten voller Ungeduld und Mißtrauen den schwierigen Weg der Erkenntnis bei den anderen. Alte Verletzungen brechen auf. Alte Rechnungen, neue Berechnungen stehen an. Und doch befindet man sich vielleicht schon gemeinsam auf einem neuen Irrweg der Geschichte. Allerdings – viele Irrwege kann sich diese Gattung Mensch nicht mehr erlauben.

Jahrelang haben die Mathematiker und die Ingenieure die stabilen Zustände ihrer Gedankenkonstruktionen untersucht, bis sie begreifen mußten, daß gerade die Bruchstellen, die »Katastrophen«, das eigentlich Interessante waren. Systeme, die von erstaunlicher Stabilität zu sein scheinen, können bei einer winzigen Überschreitung einer Grenze ihres Bedingungsgefüges plötzlich kollabieren, können chaotisch werden. Wie schwierig das Neuformieren solch eines unbeherrschbar gewordenen Systems ist, zeigt sich jetzt beim Umgang mit der Hinterlassenschaft des Kommandosystems. Unvergleichlich schwieriger, weil von ganz anderer Dimension, ja wahrscheinlich aussichtslos, wäre jeder Versuch, eine kollabierende Umwelt, eine zusammenbrechende Biosphäre wieder auf menschlich Erträgliches auszurichten. Ein ökologischer Kollaps wäre wahrscheinlich eine Tragödie im Welttheater, der es bald an Zuschauern mangeln dürfte.

Weder intellektueller Rückzug noch intellektuelle Selbstgefälligkeit werden dem Gebot der Stunde gerecht. Schuld, Versagen, Irrtümer sind zu erkennen, anzunehmen und produktiv zu machen. Gemeinsam. Wenn auch in kontroverser Konstruktivität.

Brauchen wir also neue Reißbrettentwürfe? Eine neue Utopie?

Eine Utopie gewinnt ihre Überzeugungskraft aus der Harmonie und der Einfachheit der Vorstellungen über das, was sein sollte, im Gegensatz zu einem unerträglichen Ist. Sie kann für eine gewisse Zeit zur Leitidee werden. Zumal ein Vakuum an Vision einer gefährlichen kulturellen Immunschwäche gleichkäme. Sobald aber eine Utopie von einer Macht auf die Fahne geschrieben wird, bringt sie die Macht in die Klemme – entsteht aus dem Immunisierenden die Allergie. Gerade der Harmonievorstellung liegt ein falsches Menschenbild zugrunde; und nun, da Arbeitsteilung und Interessenvielfalt ständig zunehmen, genügt die Struktur, die eine Utopie anbietet, nicht mehr als Leitbild für die Organisation einer modernen Gesellschaft. Sie bringt die Macht auch in die Klemme, weil fälschlicherweise der Konsens eines »Endzustandes« postuliert und nicht die Realität mit ihren Interessengegensätzen als Tatsache anerkannt wird, was Konfliktunfähigkeit und mangelnde innere Fähigkeit zur Weiterentwicklung nach sich zieht. Die Macht wird korrupt und immer restriktiver und täuscht am Ende nur noch vor, an der ursprünglichen Idee festzuhalten. Die Stabilität des Systems ist in Wirklichkeit die Stabilität eines Kartenhauses. Auf Langzeit ist der Kollaps vorprogrammiert.

Die Absage an die Realisierung einer Utopie in gesellschaftlichen Strukturen führt auf die allgemeine Frage nach Bewertungskriterien für solche Strukturen. Es ist zwar nicht zulässig, eine gesellschaftliche Organisationsform losgelöst von ihren historischen und sozialpsychologischen Bedingungen zu beurteilen, auch gibt eine Beurteilung der Funktionsfähigkeit noch keinen Aufschluß über die moralischen Qualitäten, aber eine nicht funktionierende Struktur macht das Wollen der Menschen vergeblich. Akzeptiert man grundsätzlich den Entwicklungsgedanken für das gesellschaftliche Sein des Menschen, so sind folgende Kriterien für die Bewertung der Strukturen einer modernen Gesellschaft denkbar:

1. Die *Differenziertheit* der Strukturen und deren Eignung, die real existierenden Interessen widerzuspiegeln.
2. Die *Konfliktfähigkeit*, das heißt Anerkennung von kritischer Kultur, von Interessengegensätzen innerhalb eines gesetzlichen Rahmens.
3. Die *Innovationsfähigkeit*, also die Fähigkeit, diesen gesetzlichen Rahmen so zu gestalten, daß ein Zusammenspiel der Strukturen bei der Austragung von gegensätzli-

chen Interessen für eine Weiterentwicklung produktiv werden kann.

4. Die *Reaktionsfähigkeit*, also die Fähigkeit, auf äußere Widersprüche und Anforderungen rational zu reagieren.

5. Die *globale Konstruktivität*, also die Fähigkeit, zur Lösung der globalen Probleme beizutragen.

Der Versuch, die kommunistische Utopie zu verwirklichen, führte zu den Strukturen des Kommandosystems im Realsozialismus. Diese hätten bei einer Überprüfung an den eingeführten Kriterien schlecht abgeschnitten. Interessenlagen spiegelten sich nicht institutionell wider. Die Macht lag in den Händen einer kleinen Führungsspitze, die ihre Entscheidung unter manipulierter Information traf. Die Politik dieser Führung hatte das Primat über alle anderen Bereiche. Die Befehlsgewalt dieser Kommandozentrale betraf Wirtschaft, Öffentlichkeit und Staat, so daß auch eine Gewaltenteilung in der Staatsmacht innerhalb dieser Strukturen nicht möglich war. Es war keine moderne Gesellschaftsstruktur, sondern ein Rückschritt hinter die Ergebnisse der Französischen Revolution. Der Kollaps des Kommandosystems war längst überfällig. Jedoch beweist dieser Kollaps nur die Untauglichkeit des Kommandosystems, sonst nichts.

*Oktober 1990*

# Ohne Lotsen zwischen Scylla und Charybdis

Im Mittelpunkt stand in der DDR gewiß nicht der Mensch, sondern die Erhaltung des Führungsanspruchs einer kleinen Gruppe, deren Machtfülle bei gleichzeitiger Unsicherheit, deren Schläue bei gleichzeitiger Unbildung Quellen von immer dreisteren Verletzungen der Menschenwürde wurden. Die Mehrheit der Bürger der ehemaligen DDR hatte wohl begriffen, daß nach der Wende eine schwierige Phase des Umbaus folgen würde, und es gab eine große konstruktive Bereitschaft. Dieses Kapital läuft nun Gefahr, verspielt zu werden. Was jetzt in den neuen Bundesländern vor sich geht, könnte für viele zum historischen Schockerlebnis werden und politische Konsequenzen haben, die noch gar nicht absehbar sind.

Auch was mit der Wissenschaft in dem ehemaligen DDR-Territorium derzeit geschieht, dient niemandem, nicht einmal den Aufgaben und Zielen derjenigen, die jetzt das Sagen haben. Keine Frage, es muß etwas geschehen. Nichts wurde in der Vergangenheit so mißbraucht wie das Wort »wissenschaftlich«. Und verständlicherweise gibt auch niemand freiwillig seine Existenzgrundlage ohne die geringste Aussicht auf eine Perspektive auf. Aber den Wissenschaftler, dabei schließe ich auch den in der Entwicklung arbeitenden Ingenieur mit ein, so herabzuwürdigen, wie das jetzt geschieht, wird nicht nur für die Betroffenen zur schlimmen Erfahrung. Es könnte unliebsame Konsequenzen für uns alle haben.

Daß ein Student eigentlich keine richtige Arbeit leistet, sondern auf Kosten anderer lebt, das wurde ihm auch früher schon erzählt. Nun trifft es den Wissenschaftler, der entweder mittelmäßig, verdächtig oder belastet ist. War er Reisekader, dann ist er eine Altlast, war er keiner, dann mangelt es ihm an Auslandserfahrung. Systematisch wird sein Ansehen von der übrigen Bevölkerung herabgesetzt. Auch das ist ihm schon vertraut. Er hat ein Wechselbad von Streicheleinheiten und Prügeln hinter sich. Die fataltste Parallele zur Vergangenheit wäre, wenn er jetzt zweitklassige Wissenschaftler mit »blütenreiner« Weste aus der alten Bundesrepublik als Vorgesetzte bekäme. Im Normalfall freilich muß er gehen. Dazu braucht es nicht einmal des Anstandes einer ordentlichen Kündigung.

Deutschland hat eine bedeutende Wissenschaftstradition. Und es ist für einen Wissenschaftler viel attraktiver, in einem großen reichen Land zu arbeiten, in dem er nicht immer wieder Gefahr läuft, in Nischenforschung oder Nachholentwicklung abgedrängt zu werden. Auch die Mehrzahl der Wissenschaftler hat die Entwicklung nach der Wende begrüßt.

Im gesamten deutschen Territorium lag die Wissenschaft nach 1945 darnieder. In beiden Gebieten, in Ost wie West, wurde der Neuaufbau durch »Altlasten« und Rückkehrer in die Wege geleitet. Es war die große Zeit der Autodidakten. Die Bedingungen im östlichen Teil des Landes waren erheblich schwieriger: erschwerter Zugang zur Weltwissenschaft, das »Brain-Drain« nach dem Westen. Keine innovative Industrie, von der ein fordernder Sog ausging. Statt dessen Dienstleistungsaufträge minderen Niveaus. Eine im Verhältnis zur übrigen Welt immer schlechtere Grundausstattung. Eine immer stärkere Einflußnahme von Nichtfachleuten. Gemessen an diesen Schwierigkeiten, kann sich das, was so entstanden ist, sehen lassen. Es war viel Kraft und auch List nötig, um das zu erreichen. Und es gibt manches, was erhaltenswert ist. Bemerkenswerte Einzelleistungen. Das Bemühen, die Linien von theoretischer Forschung und angewandter Forschung zu verbinden. Das Niveau der Ausbildung auf einigen Gebieten. Das sollte man würdigen, ehe man konstatiert, daß der derzeitige Iststand den neuen Anforderungen nicht genügt.

Es geht hier nicht nur um das Ansehen und um die Leiden einer Minderheit in der Gesellschaft, nicht nur um ein bißchen Gezänk im »Überbau«. Es geht um viel mehr. Dazu muß man sich die Rolle der Wissenschaft verdeutlichen, über ökonomische Strategien reden.

Jede Volkswirtschaft braucht Phasen der Akkumulation. Entsprechende Strategien sind die »Zweidrittelgesellschaft«, die Hochzinspolitik, Staatsverschuldungen für den Bau moderner »Pyramiden« wie Rüstung, Raumfahrt, Kernforschung, Umwelttechnologie usw. Aber langfristig gesehen bleiben diese Strategien Milchmädchenrechnungen, wenn solche Phasen nicht von starken Innovationsschüben begleitet sind, wenn also nicht alte durch neue Technik abgelöst wird, die effektiver arbeitet, so daß Arbeitskräfte freigesetzt werden. Außerdem muß der Gewinn, den man durch den technologischen Vorsprung auf dem Weltmarkt erzielt, ausreichen, um die immer teureren Entwicklungskosten einzuspielen, den nächsten Akkumulationsschub vorzubereiten, die sozialen Spannungen abzufangen, also neue Arbeitsplätze zu schaffen, etwa im Dienstleistungsbereich.

Dieser Prozeß kann nur stattfinden, wenn ein einigermaßen funktionierender Weltmarkt zur Verfügung steht. Und hier mußten mit dem Kollaps der Kommandowirtschaften einige Hoffnungen begraben werden. Diese Wirtschaften befinden sich in einem Zustand, der sie nicht einmal mehr als Markt besonders interessant erscheinen läßt. Die Grenzen des Wachstums werden somit am schnellsten und in einschneidender Weise im Fehlen neuer Märkte spürbar. Der Weltmarkt ist dabei, sich selbst aufzufressen. Stark verschuldete Länder, von denen einige allein durch ihre Schulden schon wieder eine Macht sind, weil ihre Bankrotterklärung schlimme Folgen für den gesamten Weltmarkt hätte, stehen innovativen Wirtschaften gegenüber, die keinen Markt mehr haben.

Was zur Zeit in Deutschland geschieht, könnte man als ein großes Pilotprojekt auffassen. Nämlich als den Versuch, sich am eigenen Schopf aus dem Sumpf zu ziehen. Was ja nicht unbedingt mißlingen muß, wenn man einen festen Punkt hat. Dieser Punkt heißt wiederum Innovation. Ein Prozeß, der unter sehr erschwerten Bedingungen stattfinden muß. Denn der Markt, der gebraucht wird, muß erst aufgepäppelt werden. Das heißt, die erste Etappe haben wir schon hinter uns. Oder wir sind mittendrin. Währungsumtausch, Niedergang der uneffektiven Industrie, Disziplinierung des Arbeitskräftepotentials und der Opposition, Ausbau der Infrastruktur (Handelsketten, Telefon- und Verkehrsnetz). Inzwischen Hochkonjunktur in den alten Bundesländern. Und es wird weitergehen müssen mit dem Aufbau der Wirtschaft auf modernstem technologischen Niveau und mit der ähnlich aufwendigen Erschließung neuer Märkte, die man wieder nicht verkommen lassen darf, und so fort.

Ob man dieses Konzept nun gut finden mag oder nicht, Tatsache ist, daß es bis jetzt kein besseres zu geben scheint. Nehmen wir den Prozeß einmal als gegeben an, wird sofort klar, welche enorme Bedeutung der Wissenschaft, und zwar in ihrer ganzen Kette, von der Grundlagenforschung bis hin zur Ankopplung an die Entwicklungslabors der Industrie, in der Zukunft zukommen wird.

Außerdem werden sich für das vereinte Deutschland in der Welt Aufgaben von neuer Dimension ergeben. Es muß seinen Beitrag zur Lösung der globalen Probleme leisten, und da wird es nicht nur um Quantität, sondern vor allem um neue Qualität gehen.

Um es unverblümt zu sagen: Es wird von der Wissenschaft erwartet, daß sie hilft, jede Suppe auszulöffeln, die wir uns einbrocken. Wie aber geht man mit den Menschen um, die das leisten sollen? Wissenschaftler zu sein wird immer unattraktiver, besonders im technisch-naturwissenschaftlichen Bereich. Lange Zeit ist man sozial unsicher und nicht angesehen. Das Studium verläßt man verschuldet. Dann hat man keinen festen Arbeitsplatz. Die ganze Zeit Arbeit unter höchstem Leistungsdruck. Arbeitszeitverkürzung und andere soziale Leistungen gelten für den Wissenschaftler oder Ingenieur nicht. Er arbeitet auf persönlichen Verschleiß. Bisher stand immerhin ein gewisser Schutz, ein Beamtendasein oder eine Intelligenzrente im Osten für das Alter in Aussicht. Nun plötzlich fällt auch das weg. Diese Invaliden der Wissenschaft, die ihre leistungsstarke Periode hinter sich haben, werden gnadenlos gefeuert. Ihr Ansehen wird herabgesetzt, wenn überhaupt eins da war. Man frage mal die Leute in Ost oder West auf der Straße, ob sie mehr als zwei lebende Nobelpreisträger dem Namen nach kennen. Schweigen. Und erst recht, wenn man nach der Leistung fragt, für die der Preis vergeben wurde. Dabei ist das, was sich in der Wissenschaft abspielt, spannend wie ein Krimi und auch für Laien darstellbar. Man muß sich nur etwas bemühen.

Nein, hier läuft etwas vollkommen falsch. Hier wird, wieder einmal, das kennen wir aus der Ex-DDR, an solchen Erfahrungen sind wir reich, die kurzfristig billigste Taktik gewählt, aus der langfristig die tödliche Strategie zu werden droht. Denn bald werden junge Menschen sich fragen, warum sie diesen steinigen Weg auf sich nehmen sollen. Und mit Recht. Sie fragen es sich ja auch schon. Und gerade die Leistungsstarken werden es sich fragen. Sie werden ins Management gehen, in die Politik, in die staatlichen Dienste, wo sie ja auch gebraucht werden. Aber eines Tages werden sie feststellen, daß da etwas ganz Entscheidendes fehlt. Nämlich die Leute, die die geistigen Voraussetzungen für die Akkumulation schaffen. Womit wir wieder am Ausgangspunkt wären.

Abwicklung muß doch nicht unbedingt sein. Die Sprache ist etwas sehr Entlarvendes. Was nötig wäre, ist die Neuformierung des Wissenschaftspotentials in Ost und West, unter dem reinen Gesichtspunkt des Leistungsprinzips bei Wahrung der Chancengleichheit und unter dem Aspekt der neu entstehenden Industrien. Wirtschaftsstrategien und Strategien für die Wissenschaftsentwicklung müßten sich durchdringen. Zum Beispiel wäre schnell und laut darüber nachzudenken, wie Standortvorteile und Industriezweige mit hohem innovativem Potential zueinanderzubringen sind. Wäre das zum Beispiel Umwelttechnologie, hätte es einen zusätzlichen guten Aspekt. Solch einen Prozeß ohne die notwendige politische Sorgfalt ablaufen zu lassen, die Verantwortung vielleicht in die Hände bankrotter Länder zu delegieren ist sehr kurzschlüssig gedacht. Die Verhältnisse ähneln zwar in vielem den frühkapitalistischen, aber die Welt ist inzwischen schon etwas weiter, und das macht auch in der politischen Leitung solcher Prozesse eine neue Qualität nötig.

Warum kann man nicht achtungsvoll mit den ausscheidenden älteren Wissenschaftlern umgehen, ihnen eine gewisse soziale Absicherung anbieten oder langfristig eine Neuorientierung vorschlagen. Das angemessene Leistungsprinzip in der Wissenschaft ist immer Sog und nicht Druck, vor allem nicht solcher Druck. Eine neue kreative Atmosphäre – durch öffentliche Ausschreibung von Problemstellungen und durch Erfinderwettbewerbe, durch Vergabe von Preisen –, das wäre stimulierend. Überhaupt wäre mehr Transparenz der Wissenschaft dringend vonnöten, aber das ist wiederum ein anderes Thema.

Wir Deutschen sollten unsere Wissenschaftler achten und sie nicht zu zweifelhaften Zauberlehrlingen degradieren. Es könnte sonst leicht geschehen, wir stellen eines Tages fest, wir sitzen in einem Boot und müßten hindurch, zwischen Scylla und Charybdis, und wir haben den Kompaß über Bord gehen lassen, das Steuer klemmt, und Lotse will auch keiner mehr sein.

*Mai 1991*

# Ein Pferd ohne Beine

Der Mensch macht sich ein Bild. Von sich selbst. Von anderen. Und er muß mit dem Bild, das sich andere von ihm machen, leben. Manchmal weiß er vor lauter Bildern nicht mehr, wer er ist.

Ich weiß nun, was ich nicht war, nicht bin und was ich nicht werden soll und eigentlich auch nie werden wollte, aber aus ganz prosaischen Gründen werden muß: ein deutscher Dichter.

(Wenn ich das Wort Dichter verwende, werde ich von Literaturwissenschaftlern immer gefragt, wie ich das meine, weil es so etwas Ironisches hätte. Also: Ich meine es so.)

Die Deutschen gehen mit ihren Dichtern nicht gut um. Diese arbeiten schwer für ein Hungergeld. Sie werden hochgelobt, fallengelassen, zensiert oder einfach nicht gedruckt. Wie es gerade in den Kram paßt. Manchmal kommen ihre Bücher auch erst nachträglich ins Feuer, ins heiße und ins kalte, oder die Dichter werden leibhaftig einvernommen, ausgeschlossen, ausgebürgert, wenn sie nicht von selbst gehen. Es ist sehr schwer, ein deutscher Dichter zu sein und nicht verrückt zu werden. Das alles hat in diesem Land Tradition. Hätten die Deutschen nicht Goethe zum Vorweisen, es sähe böse für sie aus.

Ein verstorbener deutscher Dichter zu sein, dagegen ist nichts einzuwenden. Ihren toten Dichtern flechten die Deutschen die schönsten Kränze, und sie zeigen sie der Welt vor: Seht her, solche Dichter haben wir. Manchmal tröste ich mich mit meiner geringen Lebenserwartung und freue mich auf solchen Nachruhm. Aber einem DDR-

Dichter bleibt nicht einmal das. Es wird um ihn nicht das geringste Geheimnis sein. Jede kleine Entäußerung, jeder Liebesseufzer: denunziert und dokumentiert, und wahrscheinlich auch noch kommentiert, von Staatsdienern, die vom komplizierten Innenleben eines Dichters nicht die geringste Ahnung haben. Oder, was noch schlimmer wäre, von Leuten, die verhinderte Dichter sind. Denn das ganze Elend der deutschen Dichter rührt meiner Meinung nach daher, daß es in diesem Land zu viele verhinderte Dichter gibt. Leute also, die zu weise sind, sich auf solch ein Los einzulassen, die es aber auch nur schwer ertragen, daß andere es dennoch tun, und die sich ein Leben lang ihre eigene Abstinenz durch das Schicksal anderer bestätigen müssen. Manche treiben dies so weit, daß sie selbst Schicksal spielen. Also, diejenigen, die uns prophezeiten, daß von uns nichts bleiben werde, wußten genau, was sie sagten. Sie haben auch in manchem, was sie über uns sagen, recht. Ob sie aber recht behalten, ist nun schon wieder unsere Sache.

Es ist wahr, als DDR-Schriftsteller wurde man von allen Seiten gebraucht, und da muß ja logischerweise etwas nicht in Ordnung gewesen sein. Da kann nur Mißbrauch im Spiel gewesen sein. Ich gebe zu, ich habe die Rolle genossen und hätte sie gern wieder, aber nur, wenn man dabei auf den DDR-Unsinn verzichten könnte – und auf manchen heutigen gleich mit. Aber alles Gute ist im Leben leider nie beisammen.

Mißbraucht wurden wir von den Lesern, die uns als Vorhut in die Schlacht schickten, die unsere Geschichten nicht als Geschichten, sondern als Offenbarungen lasen. Die vorgaben, es wären Offenbarungen, um sich selbst nicht offenbaren zu müssen.

Sich gebraucht zu wähnen, zu glauben, man habe tatsächlich etwas zu offenbaren, war ein großartiges Gefühl, in dem man von allen Seiten bestärkt wurde.

Warum sonst saßen die Mächtigen des Landes auf unseren Kongressen? Warum überwachte man uns rund um die Uhr? Warum tat man unseren Werken die Ehre einer kompletten Zensurbehörde an? Warum hätschelte man uns und schwang gleichzeitig drohend die Knute? Nahezu unmöglich, daraus nicht auf die eigene Bedeutung zu schließen! Wir lebten gefährlich und doch mit Netz. Man schmückte sich mit uns, solange es anging, und ging es nicht mehr an, überließ man uns den »Brüdern und Schwestern«, den Dritten im Bunde der Mißbraucher.

Für die waren wir der Stachel im Fleisch der anderen. Und solange wir als solcher benötigt wurden, waren wir gut. Allerdings, das muß man ihnen lassen, nun geben sie uns, wenn sie uns nicht gleich ganz auffressen, die nötige Hilfe, unsere sieben Häute abzulegen. Und ich sehe allmählich wieder durch. Eigentlich glichen wir Gummibällen, in der Hand von Spielern. Nur daß wir unterschiedlich elastisch waren. Jetzt ist das Spiel zu Ende. Jetzt muß ich, ob ich will oder nicht, ein deutscher Dichter werden. Mich irgendwo ansiedeln zwischen Hänschenklein und Immerartigsein. Oder ich verhungere gleich.

Dabei weiß ich gar nicht, ob mein Pferd Flügel hat. Beine hat es jedenfalls nicht.

*Juni 1991*

# Das Recht auf Identität und die Lust zur Intoleranz

Wer sind wir eigentlich? Wir sind nicht die, die wir zu sein glaubten. Wir sind aber auch nicht die, zu denen man uns abstempeln will. Vielleicht aus Gründen, die wir nicht durchschauen.

Wer bin ich? Was meint heute noch mein »Wir«?

Diese schöne, schreckliche Welt erlaubt kein langes Grübeln. Wir müssen uns ihr stellen, und während wir das tun, begreifen wir zugleich, daß dies der Weg ist, Identität zurückzugewinnen. Während wir tastend unser Verhältnis zur Außenwelt neu bestimmen, finden wir uns wieder und zugleich auch neu. Denn entgegen allen Wunschprognosen bleiben wir und unsere Erfahrungen. Und die bringen wir ein.

Was bedeutet die Identität eines Menschen?

Ein Kind liegt auf dem Fußboden und schreit. Die Eltern beurteilen sein Verhalten: Es ist trotzig.

Das Kind sagt seit kurzem »ich«, wenn es sich selbst meint, und grenzt sich damit von allen anderen ab. Etwas wollen zu können, was es nicht soll, ist für das Kind eine lustvolle Entdeckung. Wenn es gut geht mit dem Kind, lernt es, sein Ich zu behaupten und die anderen Ichs zu respektieren. Es wird konfliktfähig. Es kann die Widersprüche des Alltags aushalten. Wenn es schlecht geht, wird daraus ein »liebes Kind«, der Sonnenschein der Eltern. Es erträgt nicht, von jemandem nicht geliebt zu werden. Auch später nicht. Oder es wird das störende Kind, das sich prinzipiell durch unkonstruktive Verhaltensweisen in Szene setzen muß.

Ehe er sich versieht, hat der Mensch, der eben noch Kind war, eine Biographie, und nichts ist auslöschbar, nichts wiederholbar. Er schleppt alles, was war, wie eine Kette mit sich. Aber es ist nicht nur eine Behinderung, sondern auch der Schatz seiner Erfahrungen. Er ist erwachsen und verantwortlich.

Die Identität eines Menschen ist ein inneres und ein äußeres Bild im Wechsel, ein Kompromiß zwischen Rollenangebot und eigener Regie. Es ist die Identität innerhalb einer Gemeinschaft.

In Umbruchzeiten staunen die Leute immer wieder über die Wendehälse, die scheinbar schamlos heute das Gegenteil verkünden von dem, was sie gestern sagten. Es scheint aber so zu sein, daß die Identität der meisten Menschen stärker durch das Maß an Übereinstimmung oder Nichtübereinstimmung mit der Macht oder mit den jeweiligen gesellschaftlichen Normen bestimmt wird als durch die Inhalte. So werden viele Oppositionelle sich nach kurzer Zeit wieder in der Opposition befinden. Die Macher werden die Macher sein. Und die Mitläufer laufen überall mit. Menschen, denen dieser Wechsel verwehrt wird, fühlen sich betrogen, in die Ecke gestellt. Sie sind verbittert und werden seelisch krank.

Immer wieder gibt es einen Anlaß, daß der Mensch seinen Lebenslauf schreiben muß. Nach den ersten jugendlichen Varianten erscheinen die Formulierungen ausgereift. Er kann nun die vorangegangene Fassung verwenden und diese jeweils durch die letzten mitteilenswerten Ereignisse ergänzen.

Eines Tages ist alles verändert. Nichts gilt mehr, was gestern galt. Der alte Lebenslauf wird nur noch als Klotz am Bein eingestuft. Ich spreche jetzt von den neuen Bundesländern.

Die Situation könnte eine Chance sein: vielleicht ein neuer Anfang. Und wie unter der Geburt sollte man sich Schmerzen nicht ersparen. Denn die Geburt ist auch für den, der geboren wird, ein schmerzhafter Vorgang, der dennoch zum freudigen Ereignis wird. Werden kann.

Wird der Mensch aber ohne Zukunftsaussichten ausgegrenzt und gedemütigt, wird alles, worauf er einst stolz war, herabgewürdigt, wird seine Mentalität nur noch als lächerlich und störend empfunden, weil sie der Durchsetzung der neuen kollektiven Idee, der Effizienz im Wege ist, dann wird das Spuren hinterlassen, die Spuren hervorbringen, die wiederum Spuren hinterlassen.

Allen, die Verantwortung tragen, müßte eine besondere Sorgfaltspflicht auferlegt sein. Denn ein Land besteht nicht nur aus Immobilien, aus ökonomischen Problemen, aus Infrastruktur, Verkehrsnetzen und Kommunikationssystemen. Da sind dann immer auch noch die Menschen in dem Territorium, mit ihren Erfahrungen und ihrer Seele.

Die Revolution in der DDR war die erste erfolgreiche Revolution auf deutschem Boden, die wirklich vom Volk ausging und von innen her stattfand. Es war eine nachholende Revolution. Der Übergang von einem feudalen zu einem bürgerlichen Modell. Wenn heute sogar die Revolutionäre behaupten, das sei keine Revolution gewesen und sie seien nicht die Revolutionäre, so tun sie vermutlich klug daran, denn wie jede Revolution hat auch diese die Tendenz, ihre Kinder zu fressen. Der Stolz auf die Revolution und der Stolz, den jeder Mensch braucht, nämlich in seinem Leben, neben Fehlern, die er gemacht hat, auch etwas geleistet zu haben, wird erstickt. Nicht zuletzt durch eine wohldosierte Dauermedikamentation aus Skandal, Verbrechen und Pornographie in den Medien. Wer Haß sät, wird Haß ernten. Aber auch der, der einen Garten übernimmt, in dem Haß ausgesät ist, und der den Haß kultiviert, wird am Ende keine gute Ernte einbringen.

Das alte System hat, bei allen Verbrechen, die Menschen am Ende nicht mehr restlos entwürdigen können. Weil es selbst keine Würde mehr besaß. Aber das, was jetzt geschieht, trifft die Menschen wie ein Schock. Und gerade die Deutschen sollten wissen, welche gefährlichen Konsequenzen kollektive Demütigungen haben. Welche gefährliche Lust zur Intoleranz als Kompensation des Verlustes an eigenem Selbstwertgefühl entstehen kann. Hätten die Siegermächte nach dem Zweiten Weltkrieg das Kollektivschuldverfahren so angewandt, wie dies jetzt geschieht, vom deutschen Volk wäre nichts übriggeblieben. Man sollte sich gelegentlich daran erinnern, daß die Teilung auch eine Konsequenz deutscher Politik war und daß die Vereinigung zum ersten weltpolitisch möglichen Zeitpunkt geschah.

Und keiner in diesem Land kann heute noch sagen, was in den neuen Bundesländern geschieht, gehe ihn nichts an. Es sei denn, er akzeptiert schon neue innere Mauern.

Ich würde mir wünschen, daß von diesem Kirchentag ein Impuls ausgeht, gegen die neuen Mauern, die in den Köpfen der Menschen schon im Wachsen begriffen sind und die niederzureißen eines Tages schwieriger sein dürfte, als es bei jedem Bauwerk war.

Wir müssen uns auch bewußt sein, daß man überall in der Welt auf uns schaut und aus unserem Verhalten Schlüsse darauf zieht, wie wir mit den Problemen der Welt umgehen werden.

Die Identität des einzelnen entsteht in Wechselwirkung mit einer Gemeinschaft. Die Identität der Gemeinschaft entsteht durch die gemeinsame Identifikation mit etwas. Dieses Etwas kann die gemeinsame Geschichte sein, ein

Territorium, die Sprache, die Kultur als Ganzes oder in Teilen, eine Religion, eine Utopie, eine Interessenlage, eine gemeinsame Erfahrung. Kollektive Ideen ermöglichen eine Sinngebung, die über das eigene Leben hinausgeht. Einer Gemeinschaft, die auf der Nivellierung des Ichs besteht, gebührt unser Mißtrauen, diese Lektion haben wir begriffen. Die Gemeinschaft muß dem einzelnen einen eigenen Spielraum gewähren. Andernfalls verletzt sie seine Würde.

Der Zusammenbruch der großen kollektiven Idee dieses Jahrhunderts führt zu einer enormen Sinnkrise in Europa. Und zwar sowohl bei jenen, die trotz allem noch an sie glaubten oder zu glauben vorgaben, wie auch bei denen, die sich in Opposition befanden. Der Mensch ist ein soziales Wesen. Eine kollektive Identität zu haben hat auch etwas mit Beheimatetsein zu tun. Ganz natürlich werden die Menschen sich wieder stärker auf ihre nationale Identität besinnen. Und das gerade in einem Moment, da die Grenzen des Wachstums erreicht sind, da das ökonomisch-soziale Gefälle in Europa, ich spreche von dem ganzen Europa in seinen geographischen Grenzen, so groß ist wie nie zuvor, in einem Moment, da die Welt klein wird und die anstehenden Probleme nur gemeinsam gelöst werden können. In einem Moment, da es in den östlichen Ländern viele Gründe für Ängste und Verunsicherungen gibt.

Das Bedürfnis der Menschen nach Beheimatetsein, nach einer Zugehörigkeit zu etwas Vertrautem, das einerseits Schutz bietet, andererseits Einmischung erlaubt, ist etwas Elementares. Heimat oder eine nationale Identität zu akzeptieren bedeutet aber auch, andere auszugrenzen, sich selbst abzugrenzen. Es ist die gleiche Situation wie die des Kindes. Das rechte Maß zwischen Selbstbehauptung und Achtung anderer muß ständig neu bestimmt werden.

Junge Leute, mit denen ich kürzlich diskutierte, waren der Meinung, die künftigen Weltprobleme könnten nur unter einer Weltdiktatur gelöst werden. Aber wir haben am Beispiel des Realsozialismus gerade eine Gesellschaftsstruktur erlebt, die eben nicht an individueller Unfähigkeit und Korruptheit, sondern in erster Linie an einer falschen Struktur, die sich den modernen Bedingungen nicht anpassen konnte, zugrunde gegangen ist. Dies sollte eine Warnung sein.

Nicht Nivellierung, sondern das Einbringen kultureller Identität, nicht Intoleranz, sondern die Einheit der Vielfalt, nicht Machtausübung, sondern die Anerkennung der Interessengegensätze und Konfliktfähigkeit werden den Weg Europas markieren müssen.

Die großen Utopien sind verschlissen. Ihre Zugkraft hat nicht ausgereicht, um den Menschen wirklich in den Mittelpunkt zu rücken. Dieser war durch die Macht besetzt. Der Mittelpunkt wäre aber für den Menschen immer noch ein guter Ort.

*Juni 1991*

# Identität auf der Waage

1. Zwischen Krise und Hoffnung

Das Wort Identität ist in Mode gekommen. Dieses Modischwerden signalisiert eine Sprachlosigkeit, die ihrerseits Symptom für eine Not mit der Wirklichkeit ist. Wenn das Unterste sich zuoberst kehrt, verlieren die Menschen den Boden unter den Füßen. Das kann eine Chance sein; vielleicht war es nicht der richtige Boden. Aber es bedarf der Anstrengung, diese Chance zu nutzen. Der gemeinsamen Anstrengung.

Wenn die Deutschen wirklich ein Volk werden wollen, genügt die Deklaration auf der Straße nicht. Sie müssen sich dann zu einer gemeinsamen Geschichte bekennen. Zu »tausend« Jahren. Und zu »vierzig« Jahren. Denn Geschichte ist ein unteilbares Erbe. Und es geht nicht, daß jeder sich die Rosinen rauspickt.

Wenn DDR-Geschichte aufgearbeitet wird, muß auch etwas über die geistige Atmosphäre in den Anfängen gesagt werden. Muß auch die mangelnde Konfliktfähigkeit auf allen Seiten zur Sprache gebracht werden.

Zur Zeit werden die Mißverständnisse eher vertieft als aufgelöst. Unterschiede in der Identität werden eher geleugnet, statt anerkannt. Wo Verständnis wachsen müßte, wird der Einfachheit halber unterworfen. Manches, was jetzt geschieht, erinnert an die Auseinandersetzung mit dem Faschismus nach fünfundvierzig in der DDR. An den verordneten Antifaschismus. Nur daß die Fragebögen noch länger sind. Sie scheinen jetzt immer vierzehn Seiten zu umfassen.

Das ist bis zu einem gewissen Grade auch verständlich. Die Zeit läuft mit einer atemberaubenden Geschwindigkeit. Und sie wird immer kostbarer. Woher sollte die Geduld für langwierige Auseinandersetzungen kommen? Aber die Folgen sind unabsehbar.

Der Prozeß, der jetzt in der Welt vor sich geht, hat seine objektiven Tücken, und er hat kein Vorbild. Wahrscheinlich läßt es sich nicht vermeiden, daß der Vorgang, der ja ein nachholender ist, gewisse Entwicklungsetappen, vom Frühkapitalismus angefangen, nachspielt, so, wie der Fötus im Mutterleib noch einmal die Entwicklungsgeschichte wiederholen muß. Aber es geht nicht nur um Immobilien, Infrastruktur und Investitionen. Da sind immer auch noch die Menschen. Und die Mauern, die zur Zeit in den Köpfen entstehen, werden eines Tages sehr viel schwerer einzureißen sein als die aus Stein.

In diesem Jahrhundert, das man auch das »wissenschaftliche« nennen könnte, haben wir dem Gefühl mißtraut, weil wir seine Manipulierbarkeit kannten. Nun müssen wir feststellen, daß unser Verstand uns nicht vor den großen kollektiven Irrtümern dieses Jahrhunderts bewahrt hat. Er hat auf hinterlistige Weise für alles Erwünschte vollkommen logisch anmutende Begründungen geliefert. Nun müssen wir unsere Voraussetzungen ändern. Und das geht nicht ohne Schmerzen ab. Die Erde hat gebebt. Die Jahrhundertutopie ist zusammengebrochen. Jetzt kommt die Flut. Bauen wir also gemeinsam Dämme, damit aus der Welle keine Sintflut wird.

## 2. Ein Moment des schönen Scheins

Nun haben sie sich, nach ihrer friedlichen Revolution, die, das sollte man nicht vergessen, an einem der heißesten Orte der Welt stattfand, wieder zusammengetan, die Deutschen. Die Ostdeutschen können froh sein, daß sie die Schäden, die der Realsozialismus hinterlassen hat, mit der Unterstützung des reichen Westens relativ schnell überwinden werden. Bei den Westdeutschen herrscht, auch dank des neuen Marktes, Konjunktur.

Wenn man sich jedoch bei ihnen umsieht: Einen richtig freudigen Eindruck machen sie zur Zeit nicht.

Neunzehnhundertneunundachtzig – da war ein Moment der Schönheit. Eine Zeit der Illusionen. Die Ostdeutschen sahen plötzlich anders aus. Aus Leibeigenen waren die freiesten Menschen geworden. Die ganze beleidigende Dummheit war hinweggefegt. Alle gesellschaftlichen Spielregeln waren erst einmal in Frage gestellt.

Die Westdeutschen sahen mit Staunen und Anerkennung, wie sich die Brüder und Schwestern mauserten. Was die meisten nicht sahen, war die ökonomische Misere, die das alte System hinterlassen hatte. Denn in einem letzten Ausverkauf hatte es bis zum Schluß noch eine gewisse Gemütlichkeit vorgetäuscht, die freilich nicht gleichermaßen für alle galt.

Aber das Knistern im Gebälk, die Funktionsunfähigkeit hatten am Ende alle gespürt. Im Dagegensein gab es einen breiten Konsens. Doch als der weitere Weg abgesteckt werden sollte, fielen die Vorstellungen auseinander. Illusionär aber waren die Vorstellungen alle. Die einen wollten nun endlich doch noch ihren Traum verwirklichen und hatten keinerlei Konzept. Die anderen sagten: Wir wollen ein Volk sein. Und das möglichst sofort.

Was die meisten auch nicht sahen, waren die unterschiedlichen psychischen Voraussetzungen der Menschen. Die Ostdeutschen haben vierzig Jahre lang gesagt bekommen, was sie tun müssen. Dadurch sind sie hospitalisiert gewesen. Das kann man relativ schnell überwinden. Schwieriger ist die Erkenntnis zu bewältigen, daß die große Freiheit im Westen ein Mythos war. Daß man dort sehr wohl wissen muß, was man zu lassen hat. Man kommt hinein wie ein Käfer ins Spinnennetz und zappelt, immer in Gefahr, im nächsten Moment eingewickelt oder abgewickelt zu werden. Man ist mit den Spielregeln nicht vertraut. Und ehe man sich's versieht, ist man jemand, vor dem die Öffentlichkeit geschützt werden muß. Da erhebt sich doch die Frage: Was ist das für eine sensible Öffentlichkeit, die so viel Schutzes bedarf? Oder was ist da los? Solche Erfahrungen verunsichern und ängstigen. Nicht nur Schriftsteller.

Im Jahre 1990 habe ich etliche Interviews mit Ostdeutschen gemacht, die zum 3. Oktober unter dem Titel »Adieu DDR« erschienen. Jetzt wollte ich etwas Ähnliches wiederholen. Unter dem Titel »Ankunft in Deutschland«. Aber die Leute sprechen nicht mehr. Sie haben Angst. Gewiß nicht mehr die Angst, eingesperrt zu werden. Aber das soziale Fallbeil ist auch nicht zu verachten.


3. Die kollektiven Ideen der Deutschen

Wenn man von der Identität der Deutschen spricht, von ihrer kollektiven Identität, muß man nach den kollektiven Ideen fragen. Was sind ihre wesentlichen kollektiven Ideen? Wie ging es 1871 los? Was fand man vor?

Biederkeit. Ordnungsliebe. Fleiß. Autoritäre Erziehungsmuster. Obrigkeitsgläubigkeit. Gartenlaube. Aber auch liberale demokratische Ideen. Verklärung einer Tradition und erste nationalsozialistische Töne. Das Kommunistische Manifest. Die Gründerjahre standen ins Haus. Die Deutschen hatten es zwar geschafft, sich endlich zu einem Staatswesen zusammenzuschließen. Aber fühlten sie sich sicher? Selbstsicher? Sicher gegenüber anderen?

Zu spät gekommen bei der Kolonialisierung, spät bei der ersten industriellen Revolution. Durch die geographische Lage verwundbar. Einerseits zu mächtig, um andere Mächte als Hegemonialmächte zu dulden, andererseits zu klein, um selbst Großmacht zu sein.

Zu den wichtigsten kollektiven Ideen der Deutschen gehört die »Idee von der deutschen Tüchtigkeit«. Und dann die »Idee von Goethe«. Tüchtigkeit ist fast wie ein Zwang. Die Grundlage ihres Selbstwertgefühls. Und die Deutschen haben Goethe. Nicht, daß sie ihn fleißig studieren würden, aber wer Goethe hat, dem sollte nichts ganz Schlimmes passieren können. Denn »Goethe« steht für humanistische Bildung, für kulturelle Tradition.

Trotzdem passierte es. Der biedere fromme Untertan wurde zum Eroberer, zum Besiegten, zum Herrenmenschen, zum Entmüdigten, zum Ungläubigen, zum Spitzel, zum Revolutionär, zum Konsumenten...

Die Demütigungen, die die Deutschen hinnehmen mußten, trafen genau in die Zentren ihrer Identität. Verlorene Kriege, Holocaust, Stasi. Und sie haben diese Demütigungen selbst verschuldet. Keine Großmut der Welt kann sie vor sich selbst freisprechen. Eher schon ihre Tüchtigkeit.

4. Was wollen die Ossis eigentlich?

Sind die Ostdeutschen die ursprünglicheren Deutschen? Die Teilung Deutschlands war eine Konsequenz auch deutscher Politik. Die Einbindung in das westliche Bündnis hatte Vorrang. Und die Trennung dauerte vierzig Jahre. Prägende vierzig Jahre, in denen man sich, trotz aller gegenteiligen Behauptungen, erst einmal fremd geworden ist. Die Westdeutschen sehen den Einzug der Brüder und Schwestern mit immer gemischteren Gefühlen. Diejenigen, die man so lange mit Päckchen beglückte und immer ein wenig von oben herab als die untüchtige ärmere Verwandtschaft ansah, rücken nun plötzlich hautnahe und erweisen sich als anspruchsvoll und wenig dankbar. Sie bringen die mühsam vor der Welt erworbene Identität in Gefahr. Vielleicht ist diese geheime Sorge einer der Gründe, weshalb ostdeutsche Geschichte von den Westdeutschen so energisch bewältigt wird, daß nichts bleibt. Oder doch nichts bleiben soll. Die Ostdeutschen sollen bei 1949 anfangen, was mancher gern täte. Aber inzwischen hat er eine Biographie. Und die muß er tragen. Davon kann ihn niemand entsorgen. Wird er dazu gebracht, nur zu verdrängen, dann ist wieder eine Chance vertan.

Die Ostdeutschen, viele von ihnen jedenfalls – »die Deutschen« oder »die Ostdeutschen«, das sind sowieso nur Fiktionen –, haben immer noch den Hang zu einer romantischen Rollenidentifikation. Das Bedürfnis nach kollektiver Sinngebung.

Sie hatten zwei Träume, den Traum von einer gerechten Gesellschaft und den Traum vom Westen. Jetzt merken sie, daß sie den Traum vom Westen alle gemeinsam verloren haben. Und dieser Verlust ängstigt sie, denn der

Westen war das Netz in ihrem Leben. Die Zuflucht, wenn nicht das Ziel von Flucht überhaupt.

Nicht pures Konsumdenken hat die Ostdeutschen zu dem Schrei »Wir sind ein Volk« auf die Straße gebracht. Die Deutschen sind keine lustvollen Konsumenten. Der Besitz von Dingen ist für sie Ausweis ihrer Tüchtigkeit. Der Realsozialismus hat sie erniedrigt, ihre Arbeit uneffektiv gemacht. Sie wurden Billiglohnarbeitskräfte, ihre Produkte, und damit ihr Geld, waren in der Welt nicht angesehen. Wohin sie kamen, sofern man sie überhaupt noch hinausließ, überall waren sie Deutsche zweiter Klasse.

Sie sind auch bereit, sich auf Schwierigkeiten einzustellen. »Kopf einziehen. Und unten durch« heißt die Devise. Sie wollen alles, nur nicht zurück.

Aber wie schwirig es sein würde, plötzlich ganz anders sein zu sollen, hatten sie nicht vorhergesehen. Zwar war das Alte nicht akzeptabel, aber der Unsinn war wenigstens vertrauter Unsinn. Jetzt werden aus Leuten, von deren Arbeitskraft schlechter Gebrauch gemacht wurde, Leute, die erst einmal gar nicht mehr gebraucht werden. Ihre Zeit verbrauchen sie trotzdem, denn sie stehen einem Moloch von Bürokratie gegenüber, der alle ihre Vorstellungen übertrifft. Dem sie sich nicht gewachsen fühlen. Die Westdeutschen, die immerhin diesen Moloch erfunden haben und mit ihm groß geworden sind, müssen ihnen helfen, und die erklären ihnen auch gleich noch, was sonst alles mit ihnen los ist. Und daß ihnen, den Westdeutschen, das nie passiert wäre. Der Versuch, die Ostdeutschen einer Schocktherapie zu unterziehen, könnte zu einem wirklichen Schock werden. Das ganze Wertesystem soll plötzlich nicht mehr gelten. Schwangerschaftsabbrüche werden kriminalisiert. Mütter, die ihre Kinder in Krippen bringen, werden nun Rabenmütter genannt. Alte, die immer stolz versicherten, sie wollten ihren Kindern nicht zur Last fallen, werden plötzlich an eben diese verwiesen. Leute, die ein Leben lang gearbeitet haben, sollen sich nun nicht schämen, Sozialhilfeempfänger zu werden, weil es ihr gutes Recht ist. Da wird abgewickelt, und Mildtätigkeit ist plötzlich wieder ein juristischer Begriff.

Und die Westdeutschen fragen, mit Recht, was die Ostdeutschen denn eigentlich für Vorstellungen von ihrer Gesellschaft hatten. Die Wirtschaftsumstellung durchschaut keiner mehr. Jedenfalls kein Normalbürger. Aber alle haben das Gefühl, ihnen soll das Fell über die Ohren gezogen werden. Die Westdeutschen, die über Steuerpakete zur Kasse gebeten werden und die ständig von den Kosten der deutschen Einheit hören, und die Ostdeutschen, die sich vorher nie als Eigentümer des »Volkseigentums« gefühlt haben, wollen nicht glauben, daß alles »den Bach runter gehen« muß. Daß es wirklich so schlecht stand.

Inzwischen wandert die Jugend klammheimlich vom Osten nach dem Westen. Ich kenne welche, die sind inzwischen dreißig. Die ballen die Faust in der Tasche und sagen, wenn ich fünfzig bin, dann habe ich es geschafft. Dann werde ich es denen zeigen. Bis dahin ist es bei den Ostdeutschen für Ausländer noch ein bißchen ungemütlich. Und die Selbstmordrate ist schon wieder vertraulich.

Die Ostdeutschen haben vierzig Jahre in einem nichtfunktionsfähigen System gelebt. Wenn dies aber zum Anlaß genommen wird, ihnen fast jede Leistung in der Vergangenheit abzusprechen oder doch einen Maßstab anzulegen, der sonst nicht angelegt wird, ich denke zum Beispiel an die Art und Weise, wie mit den Wissenschaftlern umgegangen wird, so hinterläßt das Spuren, die über Generationen hinaus wirken werden. Denn die Ostdeutschen werden gerade in dem Moment, wo sie Deutsche werden wollen, erst einmal aus der wichtigsten kollektiven Idee, der Idee von der Tüchtigkeit, ausgeschlossen. Das ist eine größere Demütigung als alle ökonomischen Probleme.

## 5. Das Ende eines Traums

Das bittere Erwachen ist nicht nur ein Problem der Deutschen. Aber deren Problem ist es auch.

Der Traum von einer gerechteren Gesellschaft, die sozialistische Utopie, ist bei dem Versuch seiner Verwirklichung so sehr diskreditiert worden, daß man ihm heute nur schwer Gerechtigkeit widerfahren lassen kann. Man sollte jedoch nicht vergessen, daß er historisch auch eine positive Funktion hatte. Denn auch eine Vision, die an sich nicht realisierbar ist, kann unter bestimmten Bedingungen eine Zugkraft in eine erwünschte Richtung haben. Und diese Utopie hatte großen Anteil am Widerstand gegen Faschismus und an der Entwicklung des Frühkapitalismus zu den sozialen Marktwirtschaften. Insbesondere an dem, was mit dem Wort »sozial« ausgedrückt wird. Seine Überzeugungskraft gewann er unter anderem auch durch die Einfachheit des Vorgestellten. Gerade dies macht ihn aber für die Organisation einer modernen Gesellschaft ungeeignet. Die Idee, daß mit der Aufhebung des Privateigentums an Produktionsmitteln automatisch eine gerechtere Gesellschaft kommen würde, erwies sich als falsch. Herausgekommen ist ein Rückfall hinter die Ereignisse der Französischen Revolution. Ein Gesellschaftssystem, in dem alle inneren Triebkräfte für Innovation und Weiterentwicklung unterdrückt wurden. In dem es keinerlei Gewaltenteilung mehr gab. Eigentum oder nicht, das ist offenbar nicht die Frage, sondern eine geeignete, gesetzlich geregelte Aufteilung von Verfügungs- und Verteilungsgewalt, die einerseits langfristiges, innovatives Handeln befördert und die andererseits einen Kompromiß zwischen Sozialem und Wirtschaftlichem möglich macht.

Wie eine Gesellschaft auch organisiert ist, die Verfügungsgewalt wird immer in der Hand einer Minderheit liegen. Mißbrauch ist immer möglich. Die gerechte Gesellschaft gibt es nicht. Jedenfalls nicht aus heutiger Sicht. Und wer den Traum weiterträumen will, müßte entweder sagen, daß er nur ein Träumer ist. Oder er unterliegt einer sehr gründlichen Beweispflicht.

Aber das ist meiner Meinung nach kein Grund für eine Flucht der Intellektuellen in die soziale Verbindlichkeit. Im Gegenteil. Man wird bald neue Ideen brauchen. Nur wird man seine Ansprüche realistischer formulieren müssen. Denn was heute noch seine Überlegenheit so eindrucksvoll beweist, kann sich morgen schon als unzureichend erweisen. Die Grenzen des Wachstums sind abzusehen. Und die Marktwirtschaften funktionieren bisher nur unter der Voraussetzung eines ständigen Wachstums in unkontrollierter manipulierter Richtung. Wie ein System reagiert, das in die Klemme kommt, diese Erfahrung liegt gerade hinter uns. Es können noch ganz schön interessante Zeiten kommen.

Die Macher handeln, wenn die Symptome absehbar oder spürbar werden. Es wäre die Pflicht der Intellektuellen, dafür den ideellen Vorlauf zu liefern.

Aber das Erwachen aus einem schönen Traum ist bitter. Man hat, wie immer bei schlechten Nachrichten, alle die Erschütterungen durchzumachen, die einen betreffen. Vom Nicht-wahrhaben-Wollen und Abwehren bis hin zur Depression. Ehe man schließlich den Tatsachen ins Auge blicken kann. Dies zu leisten wird dadurch erschwert, daß man schon zu lange abgewehrt hat und daß man dadurch in eine moralisch-politische Mitverantwortung für die Untaten des Realsozialismus geraten ist. Auch dies muß angenommen werden. Dafür ist nicht nur eine geistige, sondern auch eine seelische Arbeit zu leisten. Trauerarbeit. Doch sollte man sich damit etwas beeilen. Denn das Kind balanciert schon auf dem Brunnenrand.

Persönlich zu verantwortendes Unrecht muß mit den Methoden des Rechtsstaates gesühnt werden. Für persönlich erlittenes Unrecht sollten Möglichkeiten eines gewissen Ausgleichs geschaffen werden. Aber plakative Kollektivschuldzuweisungen, Ausgrenzungen und Nichtannahme von geistiger Auseinandersetzung befördern das Pharisäertum in unangenehmer Weise und machen Trauerarbeit unmöglich.

Wir sehnen uns noch immer nach der Märchenwelt, in der Gut und Böse so einfach zu unterscheiden sind. Die Ambivalenz der Wirklichkeit macht uns krank. Wir müssen endlich erwachsen werden und lernen, die Konflikte des Alltags auszuhalten, anstatt in fadenscheiniger Verdrängung Zuflucht zu suchen.

Die Einteilung eines Volkes in Opfer und Täter ist unmöglich. Jeder ist irgendwie Opfer und auch Täter. Das ist heute nur eine Frage des Koordinatensystems. Wer handelt, wird auch immer irren. Trotzdem müssen wir handeln. Denn die Tüchtigkeit aller wird gebraucht werden. Nicht nur die der Deutschen. Aber die auch.

*Juli 1991*

# Countdown für Hase und Igel

Die Moral ohne das Fressen

Das Gesellschaftsexperiment »Planwirtschaft« ist gescheitert. Der Entwurf dafür entstand aus Wunschvorstellungen über soziale Gerechtigkeit, die in einem Endzustand erreicht werden sollten, der seinerseits nicht mehr entwicklungsbedürftig erschien. Die Gesellschaftskonzeption, die als Weg zu dieser besten aller Welten ausgegeben wurde, hat sich nicht als funktionsfähig erwiesen. Ihre Strukturen reichten nicht aus, um die gesellschaftlichen Interessenunterschiede widerzuspiegeln und Konfliktlösungen zu erreichen.

Ein gesellschaftliches Gebilde, das nicht funktionsfähig ist, in dem es immer weniger zu verteilen gibt, kann auf die Dauer keinem moralischen Anspruch standhalten. Es kommt in die Klemme und wird nach innen restriktiv. Andererseits folgt umgekehrt aus Funktionsfähigkeit zunächst einmal keine moralische Qualität. Seit dem Frühkapitalismus hat den Marktwirtschaften das Beiwort »sozial« in manchen Arbeitskämpfen und politischen Auseinandersetzungen abgerungen werden müssen. Und es scheint, daß dies im Eilverfahren in den neuen Bundesländern nachgeholt werden muß, so, wie der Fötus im Mutterleib im kleinen die Entwicklungsgeschichte wiederholt.

Die Überlegenheit des Marktwirtschaftlichen sollte jedoch nicht dazu verführen, der verdeckten Utopie, daß nun schon alles immer so weiterliefe, auf den Leim zu gehen.

Es sind zwei Fragen zu stellen: Ist das Bestehende so

entwicklungsfähig, daß es auch unter künftigen Bedingungen noch funktionsfähig sein wird? Aus dieser Frage ergibt sich sofort die zweite: Ist diese Entwicklung als ein Automatismus angelegt, oder werden bewußt zu steuernde Eingriffe notwendig? Natürlich möchte man dies auch sofort mit der Frage nach mehr Gerechtigkeit bei der Verteilung gesellschaftlichen Reichtums verbinden.

Das Eigentum und das Ende eines Traums

Der Schmerz über das Ende des Traums von einer gerechten Gesellschaft bezieht sich vor allem auf die Reprivatisierung der Produktionsmittel, die durch kein demokratisches Prinzip kontrolliert wird. Aber die Abschaffung dieses Eigentums bringt nicht automatisch mehr Gerechtigkeit.

In den Systemen mit zentral geplanter Wirtschaft war das Eigentum im wesentlichen, jedenfalls sofern es volkswirtschaftlich relevant wurde, aufgehoben. Verfügungsgewalt und Verteilungsgewalt lagen in der Hand einer kleinen Gruppe. Der Eindruck größerer Gerechtigkeit entstand nur, weil es wegen der mangelnden Funktionsfähigkeit relativ wenig zu verteilen gab. Aus Gründen der Machterhaltung wurde jedoch eine Zeitlang mehr verteilt, als zulässig gewesen wäre. Dadurch wurde zwar eine gewisse Gemütlichkeit vorgetäuscht, doch war der durch die Strukturschwäche vorprogrammierte Kollaps dafür um so drastischer.

In den marktwirtschaftlichen Systemen gibt es eine partielle Gewaltenteilung. Die Verfügungsgewalt und ein Teil der Verteilungsgewalt liegen beim Eigentümer oder bei den von ihm Beauftragten. Über seinen Anteil an der Verteilungsgewalt muß der Eigentümer mit den Arbeitnehmern verhandeln. Einen Teil der Verteilungsgewalt nimmt das politische System durch Steuergesetzgebung wahr. Die Verteilungsgewalt muß mit einem Gefühl für die Erhaltung der Funktionsfähigkeit ausgeübt werden, so daß der Eindruck entsteht, daß der Handlungsspielraum der jeweiligen Regierungen, unabhängig von ihrer Färbung, nicht allzusehr differiert. Trotzdem ist diese Gewaltenteilung der einzige Weg, den sozialen Frieden durch ein soziales Netz zu gewährleisten und allzu großen Disproportionen entgegenzuwirken. Ob die Verfügungsgewalt durch Eigentumsrechte oder anderweitig gesichert ist, ist nicht so wesentlich. Entscheidend ist, daß über die Verfügungsgewalt immer Mißbrauch möglich ist. Die Grenze zum Mißbrauch muß durch eine Wirtschaftsgesetzgebung markiert werden, und Grenzüberschreitungen müssen je nach Schwere mit Einschränkungen der Verfügungsgewalt, also auch durch Einschränkung von Eigentum, geahndet werden. Darüber hinaus ist es sinnvoll, die Eigentumsbildung rechtlich so abzusichern, daß eine persönliche Motivation entsteht, langfristig ökonomisch sinnvoll zu handeln. Auch anders begründeten Verfügungsgewalten müßte eine solche Motivation innewohnen. Und in jedem Fall ist es eine Gruppe von Menschen, die diese Gewalt wahrnimmt. Daran läßt sich nichts ändern. So schmerzlich es auch ist, den Gedanken daran aufzugeben, daß man sich von dieser Ungerechtigkeit einfach durch Aufkündigung des Eigentums trennen könnte. Eine demokratische Regelung würde eine gefährliche Kurzfristigkeit im Entscheidungsverhalten bewirken.

## Vom Habenwollen zum Wollensollen

Das Regelungsprinzip des marktwirtschaftlichen Handelns besteht in der Maximierung des Gewinns auf dem Markt. Ein Produkt muß auf dem Markt realisiert werden. Folglich wird die Richtung des Produktionszuwachses durch die Nachfrage auf dem Markt gesteuert. Andererseits versucht die Wirtschaft, die Nachfrage auf dem Markt durch Werbung und Marketing zu manipulieren. Am Ende ergibt sich eine Richtung des Zuwachses auf Grund eines Kompromisses zwischen manipulierten Bedürfnissen, wirtschaftlichen Möglichkeiten und staatlichen Vorgaben. Das ganze System besteht aus Teilsystemen, die über die verschiedenen Märkte und Vorgaben vernetzt sind.

## Die Akkumulation und die verlorenen Gesichter der Eierköpfe

Wirtschaftliches Wachstum macht in gewissen Abständen eine Akkumulation notwendig. Methoden der Akkumulation sind Staatsverschuldungen. Indem zum Beispiel der Staat die Finanzierung moderner »Pyramiden« übernimmt, tritt er zugleich als Auftraggeber auf den Markt; Hochzins, um fremdes Kapital anzulocken; oder Zweidrittelgesellschaft, wobei eine Verarmung einer Bevölkerungsminderheit in Kauf genommen wird. Das eigentliche Ziel der Akkumulation, einen längerfristigen Marktvorteil gegenüber den konkurrierenden Systemen zu erzielen, kann nur durch einen Technologievorsprung erreicht werden. Alle Akkumulation bleibt eine Milchmädchenrechnung, wird sie nicht von einem Innovationsschub begleitet, der ausreichend ist, um auf den Weltmarkt die immer teurer werdenden Entwicklungskosten für die Produkte einzuspielen und außerdem die Kosten für die Umverteilung des Arbeitskräftepotentials und für die Vorbereitung des nächsten Innovationsschubs. Den Marktvorteil kann man kurzzeitig vielleicht sogar schneller durch gutes Marketing erreichen. In manchen Ländern ist deshalb eine Überbewertung dieses Bereiches zu beobachten. Zumal man vielleicht die immer teureren Entwicklungskosten scheut, die sich nur wirksam rentieren, wenn man mit dem Entwicklungstempo mithalten kann. Aber das Erwachen kommt bestimmt, und es wird unerfreulich sein. Deshalb sollte der Technologiebereich, der zur Zeit eher verteufelt als geachtet wird, entmystifiziert werden, und Leistungen sollten wieder mit Namen und Gesichtern verbunden werden.


Die Grenzen des Wachstums und der Markt, der sich selbst auffrißt

Die Funktionsfähigkeit der Marktwirtschaften ist bisher durch Weiterentwicklung und Anpassung der speziellen Mechanismen immer gewährleistet gewesen. Wenn man die Kriege und die großen Wirtschaftskrisen mit ihrer verheerenden »Regulierung« außer acht läßt, was an sich unzulässig ist, weil sie Instrumentarien zu einer wirtschaftlichen Umverteilung waren, die in gefährlicher Weise wieder notwendig erscheinen könnten. Denn nun sind die Grenzen des Wachstums erreicht.

Das Wachstum der Wirtschaft in unkontrollierter Wachstumsrichtung ist nicht mehr zulässig. Andererseits aber muß es von der Wirtschaft, um ihres Überlebens willen, realisiert werden. Dieser Druck auf die Wirtschaft ist besonders stark, weil gleichzeitig der Weltmarkt degeneriert. Wenige hochinnovative Zentren stehen immer mehr verschuldeten Ländern gegenüber.

Es ist im Wirtschaftsbereich kein Automatismus angelegt, der die Entwicklung in eine zulässige Richtung zwingt. Oder doch wenigstens keiner, der dies rechtzeitig genug tut. Im Gegenteil. Angesichts der Schwierigkeiten, die auf das wirtschaftliche System zukommen, wird es unter der Begründung, daß es seine Funktionsfähigkeit erhalten muß, versuchen, seine bereits zu beobachtende Dominanz gegenüber dem politischen System auszubauen. Die Dominanz eines Teilbereiches schränkt aber immer die Entwicklungstriebkräfte ein.

Ein gefährlicher Problemstau könnte die Folge sein, werden nicht rechtzeitig Mechanismen zu einer vernünftigen Steuerung der Wachstumsrichtung in den einzelnen Ländern, aber auch weltweit etabliert.

Die zentrale Planung der Wirtschaft hat sich, allein schon auf Grund der Dimension eines solchen Systems, als unmöglich erwiesen. Aber es stecken in ihr auch keinerlei Entwicklungstriebkräfte. Keinerlei Zwang zur Innovation. Technischer Fortschritt wird aber die einzige Möglichkeit sein, um die Weltprobleme zu lösen. Was nicht mit einem blinden Vertrauen zu verwechseln ist, wir könnten wirklich jede Suppe, die wir uns einbrocken, auslöffeln. Durch nichts ist wirklich gesichert, daß rechtzeitig die »Wunderlösung« gefunden wird.

Der Planmarkt oder: Wie lotst man ein Kind vom Brunnen

Um die Triebkräfte der Marktwirtschaft aufrechtzuerhalten, sind direkte steuernde Eingriffe in die Wirtschaft nur in beschränktem Umfang möglich. Die notwendige bewußte Korrektur der Wachstumsrichtung muß *rechtzeitig* und in weltweitem Handeln durch eine bewußte Steuerung der Märkte erfolgen. Dies wird eine qualitative Strukturänderung notwendig machen und Institutionen erfordern, deren Wirkung von einer Anerkennung der unterschiedlichen Interessenlagen zu einer Erkennung der gemeinsamen Interessen führt.

Internationale Parlamente, Banken und Kreditvergabe und ebenso das Aushandeln von Restriktionen, Kostenpflichtigkeit von Umweltnutzung und so weiter müssen sehr schnell wirksam werden.

Der Countdown läuft.

*Juli 1991*

# Die Wahrheit über Troja

In Wahrheit hat Kassandra nie etwas vorausgesehen. Sie sprach nur aus, was alle wußten. Aber niemand hatte mehr Lust, Troja zu verteidigen.

Jeder dachte an sich selbst. Die einen bestahlen die unbewachte Schatzkammer des Königs Priamos. Die anderen trieben schon ihren Handel mit den Griechen. Nur Kassandra, die schlichten Gemütes und zu keiner Lüge fähig war, sprach davon, und dies sogar in der Öffentlichkeit. Kein Wunder, daß sie von vielen als lästig empfunden wurde.

Auch konnte jeder, der wollte, die Soldaten im Rumpf des Pferdes sitzen sehen. Die Griechen, für ihre Wertarbeit bekannt, hatten sich bei der Herstellung des Pferdes nicht einmal besondere Mühe gegeben, denn sie wollten die Trojaner demütigen. Als aber Troja gefallen war, merkten sie, daß sie dennoch die Betrogenen waren. Sie hätten nur noch kurze Zeit zu warten brauchen, und das Pferd wäre gänzlich überflüssig geworden.

Über kein geschichtliches Ereignis ist so viel gelogen worden wie über die Schlacht um Troja. Die Griechen machten später daraus ein mörderisches Gemetzel, um Angst und Schrecken zu verbreiten; denn sie hatten noch mehr vor in dieser Welt. Doch ist nachweislich bei den Auseinandersetzungen um Troja kein Tropfen Blut geflossen. Kassandra ist auch nicht verschleppt worden. Ihr Fuß hat niemals die Planken eines Bootes berührt. Das war auch gar nicht nötig. Es gab, das muß man immerhin sagen, eine Reihe von Leuten in Troja, denen Kassandra wie der leibhaftige Vorwurf aufs Gemüt fiel. Sie redeten

Kassandra ein, daß sie im Oberstübchen nicht ganz richtig sei, was diese schließlich auch glaubte, zumal verrückt ja nichts anderes bedeutet, als die Dinge anders zu sehen als die anderen.

Ob sie später, als sie merkte, daß sie doch recht hatte, wirklich durchdrehte, wird nicht mehr aufzuklären sein. Auch nicht, was aus den Trojanern geworden ist. Irgend etwas Schreckliches muß ihnen widerfahren sein. Aber darüber schweigen sich die Berichte aus. Mit den Griechen allerdings ist noch zu rechnen.

Aber bald schon ist Troja überall.

# Quellenvermerk

*Das Spektakel ist zu Ende.* Zuerst in: Frankfurter Allgemeine Zeitung, Frankfurt am Main, Februar 1990.
*Was nun?* Zuerst in: Neues Deutschland, Berlin, Februar 1990.
*Ein Glück für uns alle?* Unter dem Titel »Ist diese Revolution auch ein großes Glück für uns alle? Ein Briefwechsel zwischen S.M. und der Berliner Schriftstellerin Helga Königsdorf« zuerst in: Berliner Zeitung, Berlin, Februar 1990.
*Die Phasen der Revolution.* Zuerst in: Die Weltbühne, Leipzig, März 1990, und Das Argument, März 1990.
*Was bleibt von der DDR-Literatur?* Zuerst in: Die Zeit, Hamburg, Mai 1990.
*Thüringen, du mein lieb Heimatland.* Zuerst in: Merian (Heft »Thüringen« der DDR-Länderkassette), Hamburg, Juni 1990.
*»Einig Europa« oder die Idee von der »deutschen Tüchtigkeit«.* Vortrag anläßlich der Römerberg-Gespräche 1990 in Frankfurt am Main, Juni 1990.
*Deutschland, wo der Pfeffer wächst.* Zuerst in: Die Zeit, Hamburg, Juli 1990.
*Es lebe der Kapitalismus!* Zuerst in: Neues Deutschland, Berlin, Juli 1990.
*So etwas war noch nie unter einem Hut.* Zuerst in: Neues Deutschland, Berlin, September 1990.
*Dem Alten keine Chance geben.* Zuerst in: Neues Deutschland, Berlin, Januar 1991.
*Die Linken verschlafen den Weltuntergang.* Februar 1991.
*Über die allergene Wirkung der Utopien.* Zuerst in: Die Weltbühne, Leipzig, Oktober 1990.
*Ohne Lotsen zwischen Scylla und Charybdis.* Zuerst in: Freitag, Berlin, Mai 1991.
*Ein Pferd ohne Beine.* Zuerst in: Constructiv, Berlin, Juni 1991.
*Das Recht auf Identität und die Lust zur Intoleranz.* Rede auf dem Evangelischen Kirchentag 1991 in der Westfalenhalle in Dortmund, Juni 1991.
*Identität auf der Waage.* Rede in der Berliner Außenstelle der Stanford University, Juli 1991.

*Countdown für Hase und Igel.* Juli 1991.
*Die Wahrheit über Troja.* Zuerst in: Freitag, Berlin, April 1991.

Einige der Texte wurden für diese Ausgabe geringfügig gekürzt bzw. ergänzt. Die Beiträge ohne Quellenangabe werden in diesem Band zuerst veröffentlicht.

# Helga Königsdorf

*im Luchterhand Literaturverlag*

»Helga Königsdorfs Erzählungen haben mit dazu beigetragen, das marode Land der DDR erkennbar zu machen.« *Wolfgang Werth, Süddeutsche Zeitung*

**Aus dem Dilemma eine Chance machen**
Aufsätze und Reden
SL 1020

**Ein sehr exakter Schein**
Satiren und Geschichten aus dem Gebiet der Wissenschaften
SL 872. Originalausgabe
Zwei Themen sind es von Anfang an, die als Motor ihres Schreibens auszumachen sind: die Situation der Frau in einer von Männern geprägten Gesellschaft zum einen; zum anderen der Zustand eines Wissenschaftsbetriebs, »dessen Objektivitätsansprüche spätestens an seinen hierarchischen Strukturen zuschanden werden«.
*Frankfurter Rundschau*

**Die geschlossenen Türen am Abend**
Erzählungen
160 Seiten. Gebunden
Fast ausnahmslos sind die Protagonistinnen der Erzählungen von Helga Königsdorf Frauen jenseits der Vierzig, die an ihrer gefühlsarmen Umgebung leiden. Das Maß ihrer Enttäuschungen ist voll, und das treibt sie oft mitten aus dem ganz gewöhnlichen Alltag zu überraschenden Auf- und Ausbrüchen. Aber es deuten sich tödliche Ausgänge an.

**Respektloser Umgang**
Erzählung
SL 736

**Ungelegener Befund**
Erzählung
120 Seiten. Gebunden
Auch als SL 965
Ein Biologe stößt bei den Arbeiten an einer Festschrift für seinen verstorbenen Vater, der sich nach dem Krieg in der DDR verdient gemacht hat, auf dunkle Flecken in dessen Vergangenheit. Die Konsequenz, mit der er alle Ehrungen des Vaters absagt, kommt ungelegen. Eine literarische Studie über das Verschweigen gestern und heute.

»Aktuell und in Zeiten politischer Erdbeben besonders wichtig ist die Erinnerungsarbeit, die Helga Königsdorf in ihrer Erzählung leistet. Private Vergangenheit wird dabei zum Sinnbild, Geschichte wird wiedererzählt als Parabel vom allzu hastigen Umschwung und vom energischen Richtungswechsel der Anpasser, Umdenker und Wendehälse.« *Neue Zürcher Zeitung*

# Nachdenken über Deutschland

*in der Sammlung Luchterhand*

»Uns ist eine Besinnungspause nicht vergönnt, aus einem extremen seelischen Ausnahmezustand müssen wir über eine Zukunft befinden, die wir gar nicht bedenken konnten.«
*Christa Wolf*

**Die unsichtbare Grenze oder Leben in zwei Welten**
Eine ZEIT-Serie von
**Ernst-Michael Brandt**
SL 1014

**»Denk ich an Deutschland ...«**
Menschen erzählen von ihren Hoffnungen und Ängsten
SL 1007

**Der deutsch-deutsche Literaturstreit oder »Freunde, es spricht sich schlecht mit gebundener Zunge«**
Analysen und Materialien
Herausgegeben von Karl Deiritz und Hannes Krauss
SL 1002

Günter Grass
**Deutscher Lastenausgleich**
Wider das dumpfe Einheitsgebot
Reden und Gespräche
SL 921

Günter Grass
**Ein Schnäppchen namens DDR**
Letzte Reden vorm Glockengeläut
SL 963

Günter Grass
**Schreiben nach Auschwitz**
Frankfurter Poetik-Vorlesung
SL 925

**Gute Nacht, du Schöne**
Autorinnen blicken zurück
Herausgegeben von Anna Mudry
SL 969
Mit Beiträgen von Brigitte Burmeister, Annett Gröschner, Kerstin Hensel, Gabi Kachold, Helga Königsdorf, Angela Krauß, Helga Schütz, Brigitte Struzyk, Gerti Tetzner, Maja Wiens, Rosemarie Zepelin.